Themenbände Religion

Tod + Sterben

Religiöse und ethische Grundfragen kontrovers und lebensweltorientiert

Andreas Hausotter

Cornelsen

Der Autor

Andreas Hausotter hat die Fächer Latein, Geschichte und Katholische Theologie studiert und unterrichtet an einem bayerischen Gymnasium.

Projektleitung: Franziska Wittwer, Berlin
Redaktion: Doreen Wilke, Berlin
Umschlagkonzept/-gestaltung: Ungermeyer, Berlin
Umschlagfoto: Fotolia / Lichtleiter
Technische Umsetzung: krauß-verlagsservice, Augsburg

www.cornelsen.de

3. Auflage, 4. Druck 2023

Druck: Esser printSolutions GmbH, Bretten

ISBN 978-3-589-16067-9

PEFC-zertifiziert
Dieses Produkt
stammt aus
nachhaltig
bewirtschafteten
Wäldern und
kontrollierten Quellen
PEFC/04-31-2851   www.pefc.de

Inhalt

Vorwort

Sehr geehrte Kolleginnen und Kollegen,

das vorliegende Heft beschäftigt sich mit dem nicht ganz einfachen Thema „Tod und Sterben", das unlösbar mit unserem Alltag verbunden ist. Mit dem Tod aufs Engste verknüpft ist auch die Trauer. Die Sorge um die Trauernden ist eine elementare Aufgabe der christlichen Religion, ist der am Kreuz gestorbene Jesus doch in allen katholischen und lutherischen Kirchen zu finden, das Kreuz als Symbol für den Tod ist sogar über das Christentum hinaus bekannt und in Verwendung.

Sie werden bei der Arbeit mit Ihren Schülern* bemerken, dass diese ständig mit dem Tod konfrontiert werden: In Zeitungen finden sich Nachrichten über Unglücke mit Todesopfern an markanter Stelle, im Fernsehen und in Computerspielen ist das Sterben an der Tagesordnung. Dennoch macht es einen gewaltigen Unterschied, ob der Tod in virtueller Form oder als Bericht in das Leben eines Schülers tritt oder ob er tatsächlich mit ihm konfrontiert wird, wenn beispielsweise ein Verwandter oder Bekannter stirbt. Es wäre deshalb wohl falsch anzunehmen, dass Trauer den Schülern wohlbekannt ist. Vielmehr erscheint es nötig, sich sehr vorsichtig an dieses Thema heranzutasten und die Situation in der Klasse dahingehend zu erkunden, ob es möglicherweise Schüler gibt, die sich gerade in einer Trauersituation befinden.

Natürlich sollte das in diesem Heft angebotene Material wohlüberlegt eingesetzt werden: Einige Seiten greifen die Themen „Krankheit" oder „Unfall" auf, auch der Suizid wird thematisiert. Je nach Klassensituation sind einzelne Kopiervorlagen möglicherweise problematisch und sollten besser nicht verwendet werden.

Zum Sterben gehören selbstverständlich die Bewältigung der Trauer sowie der Umgang mit dem Tod und dem Verlust. Den Schülern kann verdeutlicht werden, dass Religion einen Halt in einer traurigen Zeit bieten kann.

Noch ein Wort zur Arbeit mit diesem Band: Im ersten Teil eines jeden Kapitels finden Sie Hinweise für die Lehrkräfte und Lösungsbeispiele zu den Aufgaben auf den Arbeitsblättern. Jeweils links neben dem Einführungstext zu jedem Arbeitsblatt-Thema steht ein Verweis zu der Seite, auf der sich die zugehörige Kopiervorlage befindet.

Ich wünsche Ihnen ein erfolgreiches Arbeiten mit diesem Arbeitsheft und ein gutes Gelingen der sicher nicht immer einfachen Unterrichtsstunden.

Andreas Hausotter

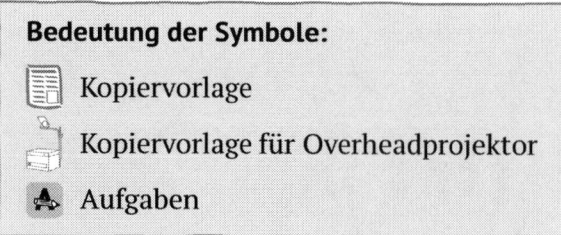

Bedeutung der Symbole:

Kopiervorlage

Kopiervorlage für Overheadprojektor

Aufgaben

* Der Einfachheit halber und zur besseren Lesbarkeit wird in diesem Arbeitsheft nur die Bezeichnung „Schüler" verwendet. Schülerinnen sind dabei selbstverständlich ebenfalls angesprochen.

Das Sterben

Hinweise für Lehrkräfte

Der Tod

KV 1,
S. 13

Zunächst gilt es, die Frage nach der Definition des Todes zu klären, damit eine gemeinsame Basis für zukünftige Diskussionen geschaffen wird. Der Text auf der Kopiervorlage 1 ist relativ kurz gefasst, weiterführende Definitionen lassen sich in einschlägigen Lexika oder im Internet finden. Weiterhin wird die Frage angestoßen, was den Menschen nach dem Tod erwartet. Auch so wird eine Grundlage für weitere Religionsstunden geschaffen.
Achtung: Manche Schüler können die Beschreibung der Todeskennzeichen als recht unappetitlich empfinden.
Zu den Fragen: Die Fragen können in Einzelarbeit oder in einer Kleingruppe bearbeitet werden. Es bietet sich an, die erarbeiteten Antworten in der Unterrichtsgruppe zu diskutieren, da hier mit einem breiten Spektrum zu rechnen ist, das sicherlich auch bei den übrigen Klassenmitgliedern Interesse hervorruft.

Frage 1 **Beurteilung der Todesfeststellung in Deutschland**

Hier sind ganz individuelle Antworten möglich. Zu erwarten wären u. a.:

▷ Sicherheit für den Menschen, möglichst lange Hilfe zu erhalten
▷ Viel Bürokratie, zieht alles in die Länge
▷ Warum in jedem Land andere Regeln zur Feststellung des Todes?
▷ Warum braucht es Fachleute, um das Offensichtliche festzustellen?

Frage 2 **Wann ist für dich eine Person gestorben?**

Hier gibt es keine richtige oder falsche Antwort. Zu erwarten ist eine Aussage, ab welchem Punkt jemand eine andere Person für tot hält.

Die Phasen des Sterbens 1

KV 2,
S. 14

Dieses Wissen gehört zu den Grundlagen, wenn man sich mit dem Thema „Tod und Sterben" beschäftigt. Man muss die Phasen nicht zwingend auswendig wissen, aber es hilft doch zu verstehen, dass auch das Sterben ein Prozess ist, der meist in bestimmten Gesetzmäßigkeiten abläuft. Dies hilft den Schülern auch, mit dem Thema besser umzugehen: Dinge, die man einordnen und beschreiben kann, sind leichter für den Verstand fassbar.

Frage 1 **Sterbephasen als Orientierungshilfe für Pflegende und Angehörige**

Mögliche Antworten:

▷ Pflegende und Angehörige können das Verhalten eines Patienten besser verstehen und ihr Handeln darauf ausrichten.
▷ Pflegende und Angehörige können sich psychisch darauf vorbereiten, welche Phase als Nächstes zu erwarten ist.
▷ Pflegende und Angehörige können sich bei Bedarf entsprechende professionelle Hilfe organisieren, um mit der Situation besser zurechtzukommen.

Frage 2 | **Schwierigste Sterbephase – subjektive Einschätzung**

Hier ist jede Antwort möglich, die gut begründet wird. Da wohl die wenigsten Schüler über Erfahrungen mit dem Sterben verfügen, können nur Vermutungen geäußert werden. Außerdem wird wohl jede Person mit einer anderen Situation schwer oder weniger schwer umgehen können.

Die Phasen des Sterbens 2

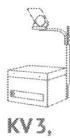

KV 3,
S. 15

> Diese Folie veranschaulicht die auf der KV 2 behandelten Sterbephasen. Sie kann entweder als Stundeneinstieg, zur Wiederholung oder auch zur Abfrage verwendet werden.

Es passierte so plötzlich

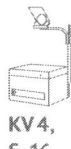

KV 4,
S. 16

> Die Folie zeigt einen Verkehrsunfall, der sich auf einer Asphaltstraße ereignet hat. Folgende Bildbestandteile können erwähnt werden: das auf der Straße liegende Motorrad, das stark zerstörte Auto, die herumliegenden Fahrzeugteile, die Kreidemarkierungen der Polizei, der sonnige Tag usw.
>
> Das Bild ist aus der Lebenswirklichkeit der Jugendlichen herausgegriffen: Ein Teil der Schüler dürfte mit dem Fahrschulunterricht begonnen haben, andere besitzen möglicherweise bereits einen Motorrad- oder Rollerführerschein, sind also aktiv am Straßenverkehr beteiligt und können jederzeit in eine ähnliche Situation geraten.

Frage 1 | **Abgebildete Szene**

Die Schüler werden relativ schnell darauf kommen, dass es sich um einen Verkehrsunfall handelt. Es wird mit Sicherheit viel spekuliert werden, wie sich der Unfall zugetragen haben könnte. Vorsicht ist mit Schuldzuweisungen geboten: Aufgrund dieses einen Bildes kann niemand Spezielles für einen Unfall verantwortlich gemacht werden!

Frage 2 | **Eigene Gedanken**

Mögliche Äußerungen der Schüler:

▷ Das könnte auch ich oder ein Bekannter sein.
▷ Das wird mir nie passieren.
▷ Wenn man nicht fahren kann, soll man es lassen.
▷ Ich werde niemals einen Führerschein machen.
▷ Das ist einem Bekannten/Freund/Verwandten auch passiert.

Es bietet sich an, speziell auf Äußerungen näher einzugehen, die die eigene Gefährdung im Hinblick auf einen Unfall abstreiten bzw. anderen eine Schuld zuweisen.

Frage 3 | **Betroffene Personen**

▷ verletzte Personen
▷ alle am Unfall beteiligten Verkehrsteilnehmer
▷ Angehörige und Freunde der Verletzten
▷ Rettungskräfte

Frage 4 **Vorhersehbarkeit**

Ein solcher Unfall ist nicht vorhersehbar, er kann immer geschehen. Unfälle lassen sich selbstverständlich vermeiden, aber dass man einen Unfall an einem bestimmten Tag hat, das lässt sich nicht vorhersagen oder ausschließen.

Todesanzeige

KV 5, S. 17

> Todesanzeigen dürften den Schülern aus der Tagespresse bekannt sein. Die meisten Anzeigen folgen einem ähnlichen Muster. Es bietet sich eventuell an, dass die Schüler als Vorbereitung selbst Todesanzeigen aus der Zeitung ausschneiden und in den Unterricht mitbringen.

Frage 1 **Gestaltung der Todesanzeige**

▷ dicker, schwarzer Rahmen
▷ linksbündig ein Kreuz
▷ rechts daneben Texte, Daten und Namen
▷ darunter in der ganzen Breite ebenfalls ein Text

Frage 2 **Informationen**

▷ Todesursache (schwere Krankheit)
▷ Name des Verstorbenen
▷ Geburts- und Sterbejahr
▷ Mitteilung, dass der Verstorbene eine Lücke hinterlässt und vermisst wird
▷ Personengruppen, die Abschied nehmen
▷ Ort und Zeitpunkt der Trauerfeier
▷ Dank für Anteilnahme
▷ Das Kreuz gibt den Hinweis, dass die Familie dem Christentum nahesteht

Frage 3 **Wirkung der Todesanzeige**

Hier sind individuelle Antworten möglich. Es ist damit zu rechnen, dass einige Schüler überrascht reagieren, weil die verstorbene Person nur 13 Jahre alt geworden ist.

Frage 4 **Gründe für Veröffentlichung von Todesanzeigen**

Mögliche Antworten:

▷ Mitteilung, dass eine Person verstorben ist
▷ Informationen über Ort und Zeit der Trauerfeier, um es Trauergästen zu ermöglichen, an der Veranstaltung teilzunehmen
▷ Ausdruck von Betroffenheit und Trauer (v. a. bei Arbeitgebern und Freunden, da hier keine genaueren Informationen zur Trauerfeier zu finden sind)

Frage 5 **Eigene Todesanzeige**

Hier sind die Ideen der Schüler gefragt.

Achtung: Es wird nicht verlangt, dass die Schüler eine Todesanzeige für ihre eigene Person erstellen. Vorzugsweise soll diese auch ohne speziellen Namen angefertigt werden.

Eine tragische Diagnose

KV 6,
S. 18

Vor der Verwendung dieses Textes sollte geklärt sein, ob sich in der Klasse Schüler befinden, in deren näherem Umfeld es Menschen gibt, die an Krebs erkrankt sind, und ob in diesem Fall die Schüler es verkraften, einen derartigen Text zu besprechen.
Der vorliegende fiktive Text berichtet von einem 15-jährigen Mädchen, das zum wiederholten Male die Diagnose „Krebs" erhält, dieses Mal ohne Aussicht auf eine Heilung. Es wird ihm eine sehr kurze Lebenserwartung vorausgesagt.

Frage 1

Gedanken Amelies, ihrer Mutter und des Arztes

Amelie: Schon wieder?/Warum ich?/Warum nur noch so kurz zu leben?/Wie bringe ich das meinen Freunden bei?/Lohnt es noch, in die Schule zu gehen?/Warum habe ich die lange Behandlung beim letzten Mal gemacht?/Ich habe Angst vor den Schmerzen/Ich kann so viele Dinge nicht mehr erleben/...

Mutter: Warum Amelie?/Hätten wir das irgendwie verhindern können?/Wie können wir ihr helfen?/Das verkrafte ich nicht/Wie kann der Arzt so direkt sein?/Warum bietet der Arzt keine Behandlung an?/Es muss eine Möglichkeit geben/Was soll ich tun?/...

Arzt: Das ist für mich eine sehr schwere Aufgabe/Ich hätte gern etwas anderes gesagt/Hätten wir den Krebs früher erkennen und behandeln können?/Ich möchte nicht tauschen/...

Frage 2

Krebs – Definition, Krankheitsverlauf, Behandlung

Definition: In der Medizin wird als Krebs ein bösartiger Tumor bezeichnet, aber auch Leukämie wird umgangssprachlich dazugezählt.

Krankheitsverlauf: Je nach Krebsart und Ausbildung sehr unterschiedlich. Es können einzelne Körperteile oder auch der gesamte Organismus betroffen und beeinträchtigt sein. In der Regel endet eine Krebserkrankung tödlich, sofern sie nicht behandelt wird oder der Patient schon so alt ist, dass er an anderen Krankheiten verstirbt.

Behandlungsmethoden: (Beispiele): Operatives Entfernen, Strahlentherapie, Medikamente, Mikrowellentherapie, Virentherapie (experimentelle Behandlung)

(Zur genaueren Definition und Erklärung lohnt sich der Wikipedia-Beitrag unter dem Stichwort „Krebs" oder auch die Internetseite der Deutschen Krebshilfe.)

Frage 3

Prognosen über Lebenserwartung – warum?

▷ um unerledigte Dinge nicht aufzuschieben
▷ um den Patienten einen Rahmen für ihre verbleibende Lebensplanung zu geben: Was ist mir noch wichtig, was nicht?
▷ um den Patienten eine (möglicherweise trügerische) Sicherheit zu geben

Frage 4

Lebensplanung bei Kenntnis des eigenen Todeszeitpunkts

Hier sind so viele verschiedene Antworten möglich, wie es Schüler in der Klasse gibt.

Zu erwarten ist, dass viele Schüler ihr Leben grundsätzlich anders gestalten würden, als sie es bislang tun. Eine dann gern gestellte Frage lautet: „Warum führst du dieses Leben nicht auch jetzt, wenn du deinen Todestag nicht kennst?"

Was ich bisher erlebt habe

KV 7,
S. 19

> Als Ausgleich zu den düsteren Aussichten des Sterbens und des Todes ist es hilfreich, den Schülern auch einen Blick auf die bisher gelebten Jahre zu ermöglichen und ihnen zu zeigen, dass auch wenige Lebensjahre viele Höhepunkte beinhalten können, über die es sich zu freuen lohnt.
> Auf der vorliegenden Kopiervorlage können die Schüler wichtige Stationen oder Ereignisse in ihrem Leben eintragen, die ihnen etwas bedeuten oder die sie gut in Erinnerung haben. Dies kann durch einen Text oder durch eine Grafik geschehen. Im Anschluss bietet es sich an, die entstandenen Kunstwerke aus- oder vorzustellen, sodass man die Erlebnisse mit der Klasse teilt.

Der gerechte und liebende Gott

KV 8,
S. 20

> Nach der Beschäftigung mit dem Tod und dem Sterben an sich sollen die Schüler sich nun mit der Problematik beschäftigen, wie ein liebender Gott Tod und Leid zulassen kann.
> Als Einstieg in das Thema kann es helfen, ein positives Gottesbild zu betrachten, um die Diskrepanz zwischen dem guten Gott und dem Leid hervorzuheben.
> Dazu zunächst eine mögliche Beschreibung der abgebildeten Jesusdarstellung:
> Die Statue steht vor einer einfarbigen Mauer und hebt sich farblich nur wenig davon ab. Jesus trägt ein Gewand, hat lange, gelockte Haare, einen ernsten Gesichtsausdruck. Er blickt den Betrachter aus einer erhöhten Position direkt an. Auf seinen Schultern trägt er ein Lamm, als ob er es beschützen will.

Frage 1   **Beschreibung der Jesusdarstellung**

Es sind durchaus positive Beschreibungen zu erwarten, eventuell auch als Bilder: Jesus als Beschützer, Jesus als guter Hirte, Jesus als fürsorglicher Vater … Es gibt zahlreiche Gottesbilder, die den Schülern bekannt sein dürften.

Wie kann Gott so etwas zulassen?

KV 9,
S. 21

> Der vorliegende Laktanz-Text ist ein frühes Zeugnis für die Beschäftigung mit der Theodizee-Frage.
> Im ersten Text wird nur die Theodizee-Frage an sich behandelt, eine mögliche Auflösung kommt im folgenden Text.

Frage 1   **Diskrepanz zwischen gerechtem Gott und existierendem Unheil**

Hier kann jeder Schüler für sich entscheiden, ob es für ihn diese Diskrepanz gibt oder nicht. Die Kenntnis des Textes ist nicht zwingend notwendig.

Frage 2 | **Problembeschreibung bei Laktanz**

▷ Gott ist nicht mächtig genug, um über das Leid zu siegen.

▷ Gott hat nicht den Willen, über das Leid zu siegen.

▷ Gott will und kann über das Leid siegen: Warum tut er es dann nicht?

▶ Alle drei Aussagen passen nicht zum christlichen Gottesbild und lassen an der Existenz und Beschreibung Gottes zweifeln.

Frage 3 | **Gegenentwurf zu Laktanz' Aussagen**

Hier sollen die Schüler einen Text verfassen, der den Worten Laktanz' widerspricht. Die Ergebnisse können sehr unterschiedlich ausfallen, manchen Schülern mag es gar nicht gelingen, hier sinnvoll zu argumentieren oder auf gute Ideen zu kommen. Hier ist möglicherweise eine Hilfestellung bei der Argumentation nützlich. Es können auch sehr emotionale Texte verfasst werden, die keine logische Argumentation beinhalten. Auch diese Möglichkeit erscheint angemessen, um seiner Meinung einen angemessenen Raum zu geben, und sollten Beachtung finden.

Das Theodizee-Problem – eine mögliche Lösung?

KV 10, S. 22

Nachdem auf dem vorhergehenden Arbeitsblatt das Theodizee-Problem aufgegriffen wurde und die Schüler sich eigenständig mit der Frage nach Gottes Gerechtigkeit auseinandersetzen mussten, ist es wohl angebracht, den Kirchenvater noch einmal zu Wort kommen zu lassen, denn dieser bringt eine eigenständige Lösung auf das von ihm angesprochene Problem:

Frage 1 | **Unterschied zwischen Laktanz und anderen Philosophen**

Er kennt als Einziger eine Antwort auf das Theodizee-Problem.

Frage 2 | **Eigenschaft des Menschen zum Unterscheiden von Gut und Böse**

Die Weisheit

Frage 3 | **Warum gehört das Übel in die Welt?**

Wenn es das Übel nicht mehr gäbe, dann hätte der Mensch keine Möglichkeit mehr, dieses auszuhalten. Damit hätte er auch keine Gelegenheit mehr, Tugend zu besitzen, die nämlich durch das Ertragen von Übel erworben wird. Mit dem Verschwinden des Übels würde also auch die Tugend verschwinden.

Frage 4 | **Zustimmung zu Laktanz?**

Hier ist eine individuelle und begründete Antwort der Schüler gefragt

Frage 5 | **Ist die Bezeichnung „Lieber Gott" noch zutreffend?**

Auch hier wird eine individuelle Antwort erwartet. Gegebenenfalls ist es nötig, einige Schüler, die nun mit dem Gottesbild Probleme haben, aufzufangen, damit sie ob ihres möglicherweise zerstörten Gottesbildes nicht in ein Loch fallen.

Das Hospiz – eine moderne Art der Sterbebegleitung

KV 11,
S. 23

Kurz vor Abschluss des Kapitels sollen die Schüler erfahren, dass es Menschen gibt, die sich beruflich oder in ihrer Freizeit fast ausschließlich mit dem Sterben beschäftigen, und dass Menschen, die dem nahenden Tod ins Auge sehen, auf eine Begleitung auf ihrem schwersten Weg hoffen können. Diese können sie in Form der Hospizbewegung finden, die anhand des Arbeitsblattes vorgestellt werden soll.

Frage 1 **Was ist die Hospizbewegung?**

Es geht darum, Menschen ein würdiges Sterben zu ermöglichen und ihre letzten Tage und Wochen mit möglichst hoher Lebensqualität zu erfüllen.

Frage 2 **Beurteilung der Hospizbewegung**

Hier sind sowohl positive als auch negative Urteile zu erwarten. Das klassische Familienbild wird wohl vorsehen, dass auch das Sterben in der Familie stattfinden soll. Aus der Sicht der leidenden Sterbenden ist wohl ein Hospiz zu bevorzugen.

Frage 3 **Keine Steigerung der Lebensdauer – Urteil**

Er ist zu erwarten, dass viele Schüler sich an diesem Prinzip stoßen, da man von medizinischen Einrichtungen eigentlich erwartet, dass sie alles tun, um das Leben eines Patienten maximal zu verlängern. Aber dies muss nicht unbedingt im Sinne des Patienten sein, und wer sich für ein Hospiz entscheidet, der nimmt dieses Prinzip bewusst in Kauf und erwartet ein gutes Sterben, nicht ein möglichst langes Leben.

Frage 4 **Hospiz in der Nähe**

Dies muss im Vorfeld recherchiert werden.

Was kommt nach dem Tod?

KV 12,
S. 24

Abschließend soll auch die Frage aufgegriffen werden, ob mit dem Tod alles vorbei ist oder ob es ein Leben nach dem Tod gibt.

Frage 1 **Was passiert nach dem Tod?**

Hier ist eine individuelle Schülerantwort gefordert.

Frage 2 Alternativ kann zum Gedicht auch ein Bild oder ein kurzer Text angefertigt werden, je nach Vorliebe der Schüler.

Frage 3 **Alternative Berichte über ein Leben nach dem Tod**

Hier können Berichte von Menschen mit Nahtoderfahrung vorgetragen werden, vielleicht kennen einige Schüler solche Berichte aus der Presse oder dem Fernsehen. Meist wird von einem Licht die Rede sein und einem sehr positiven Gefühl. Es existieren aber auch Berichte, die von absoluter Dunkelheit sprechen oder davon, dass die Betroffenen keine Erinnerung haben wie nach einem Tiefschlaf.

1

Frage 4 **Jenseitsvorstellungen der Antike**

Ägypten: Es gibt ein Leben nach dem Tod. Dieses ist nach einem Gericht der Götter möglich (sofern die Sünden leichter sind als die Feder der Maat). Der weltliche Körper spielt eine besondere Rolle (deshalb die Mumifizierung), ebenso ist weltlicher Reichtum von Bedeutung (deshalb die Grabbeigaben).

Griechen und Römer: Hier gab es zwei Orte: den Ort der Glückseligkeit (Elysium) und die Schattenwelt (Hades). Wohin man kommt, wird durch die Totenrichter entschieden. Um überhaupt ins Totenreich zu gelangen, musste man den Fluss Styx überqueren und dem Fährmann Charon eine Münze bezahlen. Wer keine solche Münze von seinen Angehörigen erhalten hatte (diese wurde den Leichen auf die Zunge gelegt), der musste am diesseitigen Ufer verzweifelt herumirren.

Frage 5 **Erklärung des Katechismus**

Leib und Seele werden beim Tod getrennt, der Körper verwest, während die Seele von Gott gerichtet wird. Sobald der Herr wiederkommt, werden Seele und verwandelter Körper wieder vereint. Die Menschen können nicht verstehen, auf welche Art die Auferstehung stattfinden wird.

Hier handelt es sich um eine sehr abstrakte Vorstellung, die es tatsächlich nicht zulässt, dass man sich etwas Konkretes vorstellt. Möglicherweise finden die Schüler die antiken Vorstellungen attraktiver, da sie mit konkreten Bildern arbeiten.

Der Tod

Wann ist ein Mensch tot? Wann ist ein Menschenleben zu Ende? Diese Frage ist nicht leicht zu beantworten und die Antwort hängt auch ein wenig vom Kulturkreis ab, in dem diese Frage gestellt wird. Genügt es, wenn ein Mensch aufgehört hat zu atmen, aber sein Herz noch schlägt? Oder ist zeitgleich mit dem Ende des Herzschlags der Tod eingetreten? Wie sieht es aus, wenn die Hirntätigkeit eingestellt ist?

Selbst die Wissenschaft tut sich mit einer genauen Definition schwer. Man ist sich über Folgendes einig: Der Tod folgt auf das Sterben, die beiden Begriffe sind also nicht identisch in ihrer Bedeutung. Während „Sterben" einen Prozess beschreibt, der im Tod endet, ist der Tod selbst ein Zustand des Organismus nach dem Leben.

Bei Säugetieren, zu denen der Mensch zählt, kann man den Tod dann feststellen, wenn lebensnotwendige Organe, z.B. das Herzkreislaufsystem und das zentrale Nervensystem unwiderruflich ihre Funktion eingestellt haben.

In Deutschland muss der Tod eines Menschen immer von einem Arzt festgestellt werden. Dabei gibt es bestimmte Kriterien, die dem Arzt dabei helfen, eine Person für tot zu erklären. Eines davon muss dazu eingetreten sein:

▷ Ein Kennzeichen sind hierbei die Totenflecken, die entstehen, weil das Blut nach dem Kreislaufstillstand in die unten liegenden Körperregionen sackt.

▷ Ein weiterer Hinweis ist die Totenstarre, die wenige Stunden nach dem Tod eintritt.

▷ Auch Verletzungen, die nicht mit dem Leben vereinbar sind, helfen dem Mediziner, den Tod festzustellen.

▷ Der Hirntod, also das Nicht-Funktionieren des zentralen Nervensystems, muss in einer Klinik festgestellt werden.

▷ Fäulnis: Ein verfaulter Körper ist nicht mehr lebensfähig.

Welche Folgen hat dieses Wissen für uns selbst? Zunächst scheint ausreichend genau geklärt zu sein, wann eine Person als tot gilt und welche Kriterien vorliegen müssen, damit ein Arzt einen Totenschein ausstellen darf. Aber damit entsteht eine viel drängendere Frage, auf die die Wissenschaft oder die Medizin keine Antwort zu geben weiß: Was ist der Tod? Was kommt danach?

Diesen Fragen muss sich jedes Individuum selbst stellen und eigene Antworten finden. Es gibt vielfältige Modelle und Ideen, wie man sich die Existenz nach dem Tod vorstellen kann. Sie können uns helfen, mit diesen scheinbar unlösbaren Fragen fertigzuwerden.

1. Wie beurteilst du es, dass es in Deutschland relativ schwierig ist, den Tod eines Menschen festzustellen?

2. Wann ist für dich eine Person gestorben?

Die Phasen des Sterbens 1

Wie geht man mit Menschen um, die in naher Zukunft sterben werden? Wie fühlen sich diese Menschen? Was geht in ihnen vor?

Diese Fragen haben die Psychiaterin Elisabeth Kübler-Ross ab der Mitte des 20. Jahrhunderts beschäftigt. Sie stellte bei ihrem Umgang mit Sterbenden fest, dass es sich in der Regel um fünf Phasen handelt, die der betroffene Mensch durchlebt.

Phase 1: Nichtwahrhabenwollen/Verneinung/Isolierung

In dieser Situation leugnet der Patient, dass er sterben wird. Er versucht, einen Fehler, beispielsweise beim Arzt, zu suchen („Ergebnisse vertauscht", „Falsche Untersuchungsmethode" ...).

Phase 2: Zorn/Auflehnung

Der Sterbende empfindet Zorn auf seine Umwelt, die weiterleben darf. Warum muss gerade er sterben? Ist das nicht ungerecht? Dieser Neid kann sich auch auf das engste Umfeld des Betroffenen beziehen, seine Familie, seine Pfleger ...

Phase 3: Verhandeln

In diesem Stadium, das aber von recht kurzer Dauer ist, versucht der Patient, den Tod mit Verhandlungstricks zu überlisten oder zumindest hinauszuzögern. So kann er zum Beispiel einen geheimen Handel mit Gott eingehen und sein Leben der Kirche widmen. Auf diesem Weg hofft er, von Gott verschont zu werden und nicht (oder nicht gleich) sterben zu müssen. Oder er sucht sich Wunderheiler, von denen er sich Hilfe erwartet.

Phase 4: Depression

Da sich auch durch das stille Verhandeln der Befund nicht ändert, tritt die nächste Stufe ein: Depression. Der Sterbende empfindet eine Art Verzweiflung. Zum einen über bereits erlittene Verluste, beispielsweise durch Operationen, bei denen ihm Organe/Körperteile ... entfernt werden mussten, oder aber auch nur über die Behandlungskosten. Zum anderen aber auch Verzweiflung über den noch bevorstehenden Verlust durch seinen Tod, denn er wird den zurückbleibenden Menschen fehlen: „Kann mein Umfeld ohne mich zurechtkommen?"

Phase 5: Akzeptanz

Nun erreicht der Patient die letzte Phase, in der er den Tod akzeptieren kann. Er weiß, dass er sterben wird, er ist nun frei von allen negativen Emotionen. Er sucht Ruhe und minimiert den Kontakt zur Außenwelt. Alte Menschen erreichen dieses Stadium leichter, da sie meist auf ein erfülltes Leben zurückblicken können.

1. Inwiefern kann es Pflegenden und Angehörigen helfen, wenn sie die Sterbephasen kennen und wenn sie wissen, in welcher Phase sich der Patient befindet?

2. Welche Phase empfindest du möglicherweise als die schwierigste für die Angehörigen?

Die Phasen des Sterbens 2

(nach Elisabeth Kübler-Ross)

1. Phase **Nichtwahrhabenwollen / Verneinung / Isolierung**

„Da muss ein Fehler vorliegen. Die können nicht mich meinen."

2. Phase **Zorn / Auflehnung**

„Warum muss ich sterben und der Kerl da darf weiterleben?"

3. Phase **Verhandeln**

„Lieber Gott, ich will immer deine Gebote beachten, wenn du mich nicht sterben lässt."

4. Phase **Depression**

„Jetzt muss ich doch sterben. Und wozu dann die ganzen Operationen und die hohen Behandlungskosten?"

5. Phase **Akzeptanz**

„Nun gut. Dann muss ich wohl sterben."

Quelle: Elisabeth Kübler Ross (2009): Interviews mit Sterbenden. Kreuz Verlag: Freiburg.

Es passierte so plötzlich

1. Was mag hier wohl passiert sein?

2. Was geht dir durch den Kopf, wenn du dieses Bild siehst?

3. Welche Personen sind bei einem derartigen Unfall möglicherweise betroffen?

4. Ist ein solcher Unfall vorhersehbar?

Todesanzeige

Plötzlich und für uns alle unterwartet starb nach kurzer und schwerer Krankheit

* 2000 † 2013

Wir vermissen dich schon jetzt und werden immer an dich denken:

Mama und Papa

Deine Geschwister

Oma und Opa

Deine Freundinnen und Freunde

Der Trauergottesdienst findet morgen um 14.00 Uhr in der Pfarrkirche statt. Anschließend Urnenbeisetzung auf dem Stadtfriedhof.

Herzlichen Dank für alle Anteilnahme.

1. Beschreibe die Gestaltung der Todesanzeige.

2. Welche Informationen kann man der Anzeige entnehmen?

3. Wie wirkt diese Todesanzeige auf dich? Würdest du sie anders gestalten?

4. Warum veröffentlichen Angehörige, Freunde und Arbeitgeber Todesanzeigen?

5. Gestalte selbst eine Todesanzeige.

Eine tragische Diagnose

Amelie saß mit ihrer Mutter im Wartezimmer der Arztpraxis. Sie sah sehr niedergeschlagen aus, wusste sie doch, dass das Gespräch mit dem Arzt ihr weiteres Leben enorm verändern konnte.

Die Tür ging auf, ihr Name wurde gerufen und sie wurde in das Untersuchungszimmer geführt. Schon an der Miene des Arztes konnte sie erkennen, dass er ihr nichts Angenehmes zu berichten hatte. Es erinnerte sie an den Arztbesuch vor wenigen Jahren. Die gleiche Arztpraxis, der gleiche Arzt, das gleiche Zimmer. Der Arzt hatte eine ernste Miene aufgelegt und Amelie und ihren Eltern eröffnet, dass sie Krebs hätte. Er sei noch in einem recht frühen Stadium entdeckt worden und man könne ihn noch behandeln, aber die Prozedur sei sehr langwierig und unangenehm. Der Arzt hatte doch keine Ahnung! Wie lange musste Amelie im Krankenhaus liegen, starke Medikamente nehmen, sich ständig übergeben, Operationen erdulden ... Unangenehm war hier der falsche Ausdruck.

Als sie in das Gesicht des Arztes blickte, fragte sich das Mädchen, ob sie das alles noch einmal ertragen könnte. Sie setzte sich auf den Besucherstuhl und schaute den Arzt fragend an.

„Amelie. Der Krebs ist leider zurückgekommen und zwar heftiger als beim letzten Mal. Die Krebszellen haben sich in deinem ganzen Körper ausgebreitet. Ich habe schon mit Fachkollegen gesprochen und wir fürchten, dass es keine geeignete Behandlung gibt, um den Krebs zu besiegen. Die Ausbreitung ist schon zu weit fortgeschritten. Anhand der Untersuchungsergebnisse schätzen wir, dass du noch ungefähr zwei Monate ein relativ normales Leben führen kannst, bevor wir dich zur Bekämpfung der Schmerzen ins Krankenhaus bringen müssen."

Amelie fühlte sich, als hätte man sie niedergeschlagen. Noch zwei Monate ein normales Leben führen? Sie war doch gerade erst 15 Jahre alt ... Was wollte sie in ihrem Leben noch alles erreichen ...

1. Versetze dich in die Lage der beteiligten Personen: Was geht wohl Amelie, ihrer Mutter und dem Arzt durch den Kopf?

2. Recherchiere, worum es sich bei der Krankheit „Krebs" handelt, welche Behandlungsmethoden es gibt und wie der Krankheitsverlauf aussehen kann.

3. Welche Gründe könnte es geben, dass Ärzte ihren Patienten Prognosen über ihre Lebenserwartung geben, auch wenn sie mitunter sehr weit danebenliegen?

4. Wenn du wüsstest, wie lange du noch zu leben hast, was würde sich für dich ändern? Was würdest du unbedingt noch unternehmen wollen?

1

Was ich bisher erlebt habe

In Erzählungen wird oft erwähnt, dass eine Person in Todesgefahr das eigene Leben noch einmal als Film gesehen habe und so die wichtigsten Stationen des Lebens vor Augen geführt bekam. Dann wird einem Menschen bewusst, was man als wichtig im Leben erachtet. Oft sind es Menschen, Ereignisse und Umstände, über die man sich im Alltag keine Gedanken macht.

 Nimm dir nun die Zeit und überlege, was dir in deinem bisherigen Leben wirklich wichtig ist. Gestalte diese Stationen in Form von Bildern.

Geburt

Heute

Der gerechte und liebende Gott

A Wie wird Jesus als Sohn Gottes auf diesem Bild dargestellt?

Wie kann Gott so etwas zulassen?

Diese Frage ist nicht neu, im Gegenteil: Bereits vor über 2 000 Jahren beschäftigten sich Philosophen mit dem Theodizee-Problem. „Theo-dizee" ist griechisch und bedeutet so viel wie „Gott" und „gerecht". Gemeint ist damit: Wie kann Gott gerecht sein, wenn es doch so viel Übel, Unglück und Leid auf dieser Welt gibt?

Der christliche Schriftsteller Laktanz, der im 3. Jahrhundert nach Christus lebte, verfasste folgenden Text, den er von griechischen Philosophen überliefert fand und der sich mit der Fragestellung nach dem gerechten Gott befasst:

Gott will entweder die Übel aufheben und kann nicht;

oder Gott kann und will nicht;

oder Gott will nicht und kann nicht;

oder Gott will und kann.

Wenn Gott will und nicht kann, so ist er ohnmächtig; und das widerstreitet dem Begriffe Gottes. Wenn Gott kann und nicht will, so ist er missgünstig, und das ist gleichfalls mit Gott unvereinbar. Wenn Gott nicht will und nicht kann, so ist er missgünstig und ohnmächtig zugleich, und darum auch nicht Gott. Wenn Gott will und kann, was sich allein für die Gottheit geziemt, woher sind dann die Übel, und warum nimmt er sie nicht hinweg?*

1. Kannst du eine Problematik zwischen einem gerechten Gott und der Existenz von Unheil in der Welt erkennen?

2. Welche Möglichkeiten des Problems hebt Laktanz hier hervor?

3. Wie sieht deine Meinung dazu aus? – Verfasse einen Gegenentwurf zu den Worten des Laktanz.

---

* Lactantius, de ira dei, 13,19. Zitiert nach: Des Lucius Caelius Firmianus Lactantius Schriften. Aus dem Lateinischen übersetzt von Aloys Hartl. (Bibliothek der Kirchenväter, 1. Reihe, Band 36) München 1919.

Das Theodizee-Problem – eine mögliche Lösung?

Wie du bereits weißt, versuchen viele Menschen den Zwiespalt zwischen dem Unheil in der Welt auf der einen Seite und einem gerechten, allmächtigen und fürsorglichen Gott auf der anderen Seite für sich zu lösen. Der christliche Schriftsteller Laktanz hat dieses Problem in Worte gefasst und auch gleich eine mögliche Lösung im Angebot:

Ich weiß, dass die meisten Philosophen (…) in Verlegenheit kommen und beinahe wider Willen zum Geständnis gedrängt werden, dass Gott sich um nichts kümmere (…). Aber wir, denen der Grund der Übel am Tage liegt, lösen dieses Schreckbild von Beweis ohne Schwierigkeit auf. Gott kann alles, was er will, und Schwäche oder Missgunst ist nicht in ihm. Er kann also die Übel hinwegnehmen, aber er will nicht; und doch ist er darum nicht missgünstig. Er nimmt sie aus dem Grunde nicht hinweg, weil er (…) dem Menschen zugleich die Weisheit verliehen hat und weil mehr Gutes und Annehmliches in der Weisheit liegt, als Beschwerlichkeit in den Übeln. Denn die Weisheit bewirkt, dass wir auch Gott erkennen und mit Hilfe dieser Erkenntnis die Unsterblichkeit erlangen, und darin besteht das höchste Gut. (…) [Niemand hat klar gemacht], dass keine Spur von Tugend mehr im Menschen bliebe [wenn die Übel beseitigt würden]; denn das Wesen der Tugend liegt im Ertragen und Überwinden der Bitterkeit der Übel.*

(nach Laktanz, De ira dei, Kap. 13)

1. Worin unterscheidet sich Laktanz von den anderen Philosophen?

2. Welche Eigenschaft wurde dem Menschen gegeben, um zwischen Schlecht und Gut unterscheiden zu können?

3. Welche Begründung findet er dafür, dass das Übel unbedingt zur Welt gehören muss?

4. Kannst du Laktanz zustimmen?

5. Du hast dich nun ein wenig mit der Theodizee-Problematik beschäftigt. Ist für dich die Bezeichnung „Lieber Gott" noch zutreffend? Begründe deine Meinung.

* Des Lucius Caelius Firmianus Lactantius Schriften. Aus dem Lateinischen übersetzt von Aloys Hartl. (Bibliothek der Kirchenväter, 1. Reihe, Band 36) München 1919.

Das Hospiz – eine moderne Art der Sterbebegleitung

Das Wort „Hospiz" stammt aus dem Lateinischen und bezeichnet ursprünglich eine Unterkunft. Im heutigen Sprachgebrauch ist dieses Wort verbunden mit dem nahenden Tod. Hospize sind eine relativ neuartige Einrichtung, in Deutschland wurde das erste Hospiz 1986 eröffnet.

Für Menschen, die an einer unheilbaren Krankheit leiden und vom Tod nicht mehr allzu weit entfernt sind, existieren diese Einrichtungen. Sie dienen dazu, die Menschen in ihrer letzten Lebensphase zu begleiten. Den Todkranken wird Pflege angeboten, sie erhalten nach Möglichkeit eine Therapie zur Linderung ihrer Schmerzen und sollen auch in den letzten Wochen oder Monaten ihres Lebens eine möglichst hohe Lebensqualität aufrechterhalten können. Oft geschieht ein Großteil dieser Hospizarbeit ehrenamtlich oder auf Spendenbasis.

Grundsätzlich arbeiten Hospize nach folgenden Prinzipien:

▷ Im Zentrum der Arbeit stehen der Kranke und seine Angehörigen.
▷ Unterstützung erfolgt durch ein interdisziplinäres Team.
▷ Freiwillige Personen, die den Sterbenden auf seinem letzten Weg begleiten, werden einbezogen.
▷ Die Behandlung hat die Steigerung der Lebensqualität zum Ziel, nicht die Steigerung der Lebensdauer.
▷ Es wird Trauerbegleitung für die Hinterbliebenen angeboten.

Die Mehrheit kranker Menschen in Deutschland stirbt aktuell nicht in einem Hospiz. Vielmehr ereignen sich die meisten Todesfälle im Krankenhaus, in Altenheimen oder zu Hause.

1. Fasse kurz zusammen, worum es bei der Hospizbewegung geht.

2. Wie beurteilst du die Existenz solcher Einrichtungen? Ist es nicht wünschenswerter, zu Hause im Kreise der Familie zu sterben als in einem Hospiz?

3. Schau dir das 4. Prinzip der Hospizarbeit noch einmal genau an. Kannst du es gutheißen?

4. Erkundige dich (z.B. im Internet), ob es in der Umgebung deines Wohnortes ein Hospiz gibt.

Was kommt nach dem Tod?

Diese Frage beschäftigt die Menschheit wohl seit ewigen Zeiten. Es ist nicht möglich, mit verstorbenen Personen Kontakt aufzunehmen, um sie nach ihrem Befinden und ihrer Umgebung zu befragen. So sind wir Menschen weiterhin darauf angewiesen, auf ein angenehmes Jenseits zu hoffen und an das von Gott verheißene Paradies zu glauben. Viele Menschen tun dies nicht, sie erwarten, dass mit dem Tod die Wahrnehmungsfähigkeit des Individuums beendet ist und dass nach dem Leben schlicht und einfach nichts kommt. Es gibt allerdings immer wieder Berichte, die anderes erzählen: Menschen, die mit dem Tod in Berührung gekommen sind, beispielsweise infolge einer Erkrankung fast gestorben wären, wollen ein Licht gesehen haben. Oder ein langandauerndes Glücksgefühl verspürt haben. Aber es gibt auch Menschen mit einer Nahtoderfahrung, die von einer großen Dunkelheit berichten.

Diese Aussagen zeigen, dass wir möglicherweise nicht mehr über den Tod und das Jenseits wissen als die Menschen vor vielen tausend Jahren. Auch damals gab es schon sehr ausgefeilte Vorstellungen darüber, was nach dem Tod kommen könnte. Jeder kennt wohl die ägyptischen Mumien: Die Leichen reicher und bedeutender Leute wurden balsamiert, um möglichst unbeschadet in das Jenseits überzugehen, da man dort mit dem irdischen Körper weiterlebte. Dies entsprach zumindest dem Glauben der antiken Ägypter. Aber auch Griechen und Römer hatten eine eigene Jenseitsvorstellung, so wie man auch im Koran und in den jüdischen Schriften im Tod nicht das absolute Ende sieht.

Im Katechismus der katholischen Kirche ist auf die Frage: „Was geschieht im Tod mit unserer Seele und unserem Leib?" folgende Antwort zu lesen:
„Durch den Tod wird die Seele vom Leib getrennt. Der Leib fällt der Verwesung anheim. Die Seele, die unsterblich ist, geht dem Gericht Gottes entgegen und wartet darauf, wieder mit dem Leib vereint zu werden, der bei der Wiederkunft des Herrn verwandelt auferstehen wird. Das Wie dieser Auferstehung übersteigt unsere Vorstellung und unser Verstehen."*

1. Was glaubst du, was nach dem Tod passiert?

2. Kannst du darüber ein kurzes Gedicht schreiben?

3. Kennst du andere Berichte von Menschen, die dem Tod nahe waren? Wie lauten diese Berichte?

4. Recherchiere zu einer der oben angegebenen antiken Jenseitsvorstellungen. Passt sie einigermaßen zu deiner Vorstellung?

5. Fasse kurz die Erklärung aus dem Katechismus zusammen. Reicht dir diese Auskunft über das Weiterleben nach dem Tod?

* Katechismus der katholischen Kirche (2005), Frage 205

Mit der Trauer umgehen

Hinweise für Lehrkräfte

Sterben und Tod sind in der Regel untrennbar mit dem Begriff der Trauer verbunden.

Abschied

KV 13,
S. 31

> Die Folie eignet sich gut zum Einstieg in das Thema. Auf dem Bild findet kein endgültiger Abschied statt, durch die Soldatenuniform ist das Thema „Tod und Sterben" aber dennoch indirekt präsent.

Frage 1   **Beschreibung der Folie, Wahrnehmung des Abschieds**

Man sieht einen Soldaten in voller Ausrüstung mit Gewehr.
Durch einen hohen Eisenzaun nimmt er Abschied von seinem Kind und seiner Frau. Vermutlich zieht er in den Krieg. Ein Wiedersehen ist ungewiss.

Abschiedsrituale

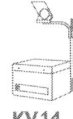

KV 14,
S. 32

> Die Kopiervorlage eignet sich als Folie oder als Handout für die Schüler. Es findet sich darauf eine Aufzählung verschiedener Abschiedsrituale, die zu verschiedenen Anlässen üblich sind.

Frage 1   **Bekannte Abschiedsrituale**

Die Schüler sollen angeben, welche Rituale ihnen bekannt sind, welche nicht.

Frage 2   **Bewertung der Rituale**

Die Auswahl soll begründet werden. Es ist zu erwarten, dass ähnliche Rituale markiert werden wie die, die den Schülern eventuell nicht bekannt sind.

Frage 3   **Weitere Abschiedsrituale**

Die Aufzählung ist ja keineswegs vollständig. Deshalb sollen andere Rituale genannt werden. Rituale können nur in einer Gruppe üblich sein; vielleicht gibt es in den Freundeskreisen der Schüler bestimmte Rituale, die darüber hinaus nicht bekannt sind.

Frage 4   **Einteilung der verschiedenen Abschiedsrituale**

Die Rituale sollen Situationen zugeordnet werden. Hier sind sehr individuelle Zuordnungen möglich. Um auf das Thema „Tod und Sterben" zurückzuführen, können folgende Rituale hier eingeordnet werden: über den Weggegangenen reden/eine Schaufel Erde in ein Loch werfen/mit den Zurückgebliebenen Kaffee trinken/weinen/Abschiedsgruß sprechen/ein Gebet sprechen/Blumen hinterherwerfen.

Eine schlechte Nachricht

KV 15,
S. 33

> Beim Tod einer Person müssen die Angehörigen benachrichtigt werden. Dies wird im vorliegenden Text thematisiert.

Frage 1   **Warum Polizist und Seelsorger?**

Der Polizist hat die formelle Aufgabe, die Todesnachricht zu überbringen. Danach geht sein Dienst weiter. Der Seelsorger ist für die Hinterbliebenen da, seine Zeit ist weniger strikt begrenzt. Da das Überbringen einer Todesnachricht die Betroffenen meist in eine schlimme Situation versetzt, ist es hilfreich, eine Stütze zu haben. Dies soll der Notfallseelsorger sein.

Frage 2   **Formulierung des Polizisten – Wertung**

Die Formulierung ist sehr direkt und beschönigt nichts. Es wird klar gesagt, dass eine Person tot ist.

Es ist zu erwarten, dass viele Schüler das zu stark finden und andere Formulierungen wählen würden. Im Bereich der Notfallseelsorge aber sagt man, dass eindeutige Formulierungen vorzuziehen sind, um die Lage auch ohne Zweifel an den Umständen zu beschreiben.

Frage 3   **Letztes Sehen des Toten**

Einen Toten noch einmal zu sehen heißt auch, Abschied von ihm nehmen zu können und für sich selbst zu verarbeiten, dass die Person tatsächlich tot ist. Das entspannt die psychische Situation der Betroffenen auf Dauer und sie können mit der Situation irgendwann einmal abschließen. Deshalb ist es wichtig, den Angehörigen einen letzten Zugang zum Verstorbenen zu ermöglichen. Ist dies nicht möglich, beispielsweise weil der Leichnam sehr entstellt ist, dann sollte ein alternatives Ritual angeboten werden.

Die Hinterbliebenen kommen nicht zur Ruhe

KV 16,
S. 34

> Den Schülern soll anhand dieser Kopiervorlage verdeutlicht werden, dass mit dem Tod einer Person auf die Angehörigen eine Menge Arbeit zukommt und recht wenig Zeit zum Trauern ist.

Frage 1   **Welche Aufgaben überraschen?**

Hier sind individuelle Nennungen möglich, je nach Lebenssituation der Schüler.

Frage 2   **Gewonnener Eindruck beim Lesen**

Die meisten Schüler werden wohl antworten, dass vieles davon zunächst ja nicht so dringend ist, oder fragen, ob man das wirklich erledigen muss. Oder sie werden davon ausgehen, dass es jemand anders erledigt.

Frage 3 · **Warum kümmern sich Angehörige sofort darum?**

Eine mögliche Antwort dafür ist, dass diese Tätigkeiten vom Tod der Person ablenken und man keine Zeit findet, darüber nachzudenken, dass man diese Person nicht wiedersehen wird. Oder man findet in den Hinterlassenschaften Erinnerungsstücke, die einem besondere Ereignisse oder Situationen ins Gedächtnis rufen, man denkt also in dieser Weise an den Verstorbenen.

Der Tod ist nicht umsonst

KV 17,
S. 35

> Auch die finanziellen Folgen eines Todesfalls müssen berücksichtigt werden. Die Schüler selbst dürften davon weniger betroffen sein, aber vielleicht verstehen sie manche Äußerungen ihrer Eltern und Großeltern nun besser und können auch verstehen, warum manche Menschen ihre Beerdigung im Voraus gut planen und finanziell absichern, z. B. durch eine Sterbeversicherung.

Frage 1 · **Gesamtkosten und Wertung**

Die Gesamtsumme beträgt 9 260,– Euro. Für diese Summe könnte man auch einen Luxusurlaub machen oder einen Kleinwagen kaufen. Die Summe ist aus der Sicht der Schüler sicherlich astronomisch hoch.

Frage 2 · **Warum bezahlen Angehörige so viel?**

Hier sind verschiedene Antworten zu erwarten, z. B.:

▷ Die Angehören wollen sich nichts Schlechtes nachsagen lassen.
▷ Es ist im Umfeld des Verstorbenen so üblich.
▷ Als eine Art Entschuldigung für den knappen Kontakt zu Lebzeiten.

Frage 3 · **Eigene Vorstellungen von einer „schönen" Beerdigung**

Hier sind individuelle Antworten möglich.

Der Leichenschmaus – ein makabres Fest?

KV 18,
S. 36

> Eine Beerdigung endet in der Regel nicht damit, dass die verstorbene Person begraben wird. Die Angehörigen und Freunde treffen sich nach der Beisetzung noch, um über den Verstorbenen zu sprechen, sich an ihn zu erinnern und den Hinterbliebenen ihr Mitgefühl auszudrücken.

Frage 1 · **Definition Leichenschmaus**

Ein gemütliches Beisammensein, bei dem man sich des Verstorbenen erinnert.

Frage 2 · **Alternativbezeichnungen**

Je nach Region gibt es auch folgende Bezeichnungen: Tröster, Beerdigungskaffee, Flannerts, Leidessen, Traueressen, Leichenmahl, Trauerbrot, Raue, Leichentrunk, Reuessen, Kremess, Zehrung. Weitere regionale Bezeichnungen sind denkbar.

Frage 3   **Mögliche Regeln für den Leichenschmaus**

Hier ist denkbar, dass den Schülern viele Regeln einfallen. Eine oft gültige Regel lautet, dass man nicht negativ über Verstorbene spricht.

Frage 4   **Erinnerungsrituale und Parallelen zum Leichenschmaus**

Rituale sind beispielsweise, sich an Jahrestagen zu treffen, regelmäßig zum Grab eines Verstorbenen zu gehen, Bilder aufzuhängen und regelmäßig davor zu verweilen.

Den meisten Ritualen dürfte gemeinsam sein, dass sie die abwesende Person ins Zentrum stellen und dass es darum geht, sich dieser Person im positiven Sinne zu erinnern.

Frage 5   **Warum ist der Leichenschmaus für Trauergäste wichtig?**

Auch hier gibt es vielfältige Gründe, z.B.: Manche Personen sieht man nur äußerst selten, da sie weit weg wohnen, man will sich über den Verstorbenen austauschen, man will den Hinterbliebenen zeigen, dass der Verstorbene einem wichtig war, man möchte für sich selbst den Vorgang der Beerdigung verarbeiten.

· ·

Ein frisches Grab

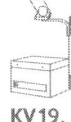

KV 19,
S. 37

> Alternativ zur vorliegenden Folie bietet es sich auch an, ein Bild von einem regionalen Friedhof mit frischem Grab zu zeigen, da Friedhofsgestaltungen je nach Region sehr unterschiedlich sein und die Schüler möglicherweise mit dem vorliegenden Motiv wenig anfangen können.

Frage 1   **Beschreibung des Bildes**

Inmitten eines Friedhofs (andere Gräber) fällt das Grab im Zentrum auf, da es mit frischem Blumenschmuck versehen ist und mehr Platz einnimmt als die übrigen. An den Gestecken befinden sich Bänder in verschiedenen Farben, darauf stehen Namen. Ein Holzkreuz mit dem gekreuzigten Jesus steht am Kopfende.

Frage 2   **Text auf den Schleifen**

Hier sind i.d.R. Namen der Trauernden zu finden, oftmals mit einem Abschiedsspruch.

Frage 3   **Warum Unterschied zu umliegenden Gräbern?**

Diese sind nicht frisch, sondern schon länger vorhanden, weshalb es eine feste Grabeinfassung gibt und der Schmuck dezenter ist.

Verschiedene Bestattungsformen

KV 20,
S. 38

> Je nach Region und Religion sind die Bestattungsformen sehr unterschiedlich. Ein Einblick soll durch die vorliegenden drei Bilder gegeben werden.

Frage 1 **Vergleich der Bilder**

Das erste Bild zeigt einen Waldweg mit einem Informationsschild am Wegesrand. Es ist nicht zu erkennen, dass es sich hier um eine Ruhestätte handelt. Man spricht hier von einem „Friedwald".

Das untere Bild zeigt einen herbstlichen Friedhof mit zwei großen Kreuzen in der Mitte, im Hintergrund befinden sich weitere Gräber mit z. T. sehr alten Grabeinfassungen. Dies lässt auf einen Friedhof mit christlicher Prägung schließen.

Das mittlere Bild zeigt eine Wiese, auf der sich Grabsteine ohne davorliegendes Grab befinden. Es handelt sich hierbei um einen jüdischen Friedhof.

Frage 2 **Bezug zum Thema „Tod"**

An allen diesen Orten werden verstorbene Personen begraben.

Bestattungsrituale

KV 21,
S. 39

> Es gibt zahlreiche Bestattungsrituale, manche davon sind den Schülern wahrscheinlich fremd. Gerade deshalb lohnt es sich, diese zu betrachten.

Frage 1 **Grund für teure Friedhöfe**

Die Friedhöfe sind eine Erinnerungsstätte für die Hinterbliebenen. Hier können sie zum letzten Ruheort der Verstorbenen gehen und innere Zwiesprache mit ihnen halten. Es gibt den Trauernden oft Halt, wenn sie wissen, dass sie zumindest in Form der Grabgestaltung ein würdiges Andenken bewahren können.

Frage 2 **Verschiedene Bestattungsarten**

Hier sind verschiedene Antworten zu erwarten. Manche Bestattungsarten dürften häufiger genannt werden, z. B. Erdbestattung oder Verbrennung. Möglich wäre auch noch eine Seebestattung.

Frage 3 **Verschiedene Bestattungsarten – Recherche**

Hier kann keine spezielle Antwort gegeben werden, da die Arten je nach Region stark variieren. Eine vorherige Recherche durch die Lehrkraft ist nötig.

Frage 4 **Seltsame Bestattungsrituale**

Auch hier ist keine spezielle Antwort möglich, da es in anderen Ländern völlig fremde Rituale gibt. Während der Recherche werden die Schüler möglicherweise darauf stoßen und können anschließend davon berichten.

Wer oder was hilft mir bei meiner Trauer?

KV 22,
S. 40

Zum Abschluss dieses Kapitels soll auch darauf verwiesen werden, dass Riten ein Mittel zur Trauerbewältigung darstellen können.

Frage 1 — **Bekannte Riten zur Trauerbewältigung**

Hier sind vielfältige Antworten denkbar, z. B. beten, spazierengehen, Musik hören, sich ablenken …

Frage 2 — **Krankensalbung – Vorgehen**

Ein Priester salbt Hände und Stirn des Sterbenden. Dazu verwendet er Salböl, geweihtes Olivenöl. Im Zusammenhang mit der Salbung erhält der Sterbende die Sterbesakramente sowie die Vergebung seiner weltlichen Sünden.

Frage 3 — **Was ist Schiv'a?**

Die Angehörigen verlassen mehrere Tage ihr Haus nicht, wechseln die Kleidung nicht, lassen sich nicht ansprechen, beginnen allenfalls aus eigenem Antrieb ein Gespräch. Gäste besuchen die Trauernden und bringen Essen mit, da man in dieser Zeit im Trauerhaus auch nicht kocht.

Frage 4 — **Trauerjahr – Warum eine Grenze?**

In der ersten Zeit nach dem Verlust eines Menschen ist man oft von der Trauer überwältigt. Dennoch ist es nötig, sein Leben relativ normal weiterzuleben, da man für sich und nicht für den Verstorbenen lebt. Der Zeitraum „ein Jahr" scheint recht willkürlich gewählt und ist sicher nicht für jeden Hinterbliebenen ein Richtwert, aber es ist ein ausreichend langer Zeitraum, um wieder einen normalen Tagesablauf für sich zu finden und einen Sinn im eigenen Leben zu sehen.

Abschied

© Corbis

 Beschreibe das Bild und bringe die Darstellung mit dem Titel in Verbindung. Wie wird Abschied hier wahrgenommen?

Abschiedsrituale

Hände schütteln

mit dem Taschentuch winken

einander umarmen

über den Weggegangenen reden

einander küssen

eine Schaufel Erde in ein Loch werfen

Abschiedsbrief schreiben

mit den Zurückgebliebenen Kaffee trinken

Geschenk überreichen

weinen

einander mit dem Kopf zunicken

Abschiedsgruß sprechen

mit den Händen winken

ein Gebet sprechen

Blumen hinterherwerfen

1. Du siehst hier eine Aufzählung von Abschiedsritualen. Welche kennst du, welche nicht?

2. Kommen dir einige Rituale seltsam vor? Markiere sie und begründe deine Auswahl.

3. Fallen dir weitere Abschiedsrituale ein? Stelle sie kurz vor.

4. Kennst du Situationen, in denen man verschiedene Abschiedsrituale gebraucht?

Eine schlechte Nachricht

Es klingelte an der Wohnungstür. Nach kurzer Pause läutete die Glocke erneut. Frau Schmitt schlurfte in ihren Pantoffeln und im Morgenmantel zur Tür, um zu öffnen. Ihr Auftreten war kein Wunder, immerhin war es halb vier Uhr in der Nacht. Das Klingeln hatte sie aufgeweckt. Als sie die Tür öffnete und die beiden Besucher sah, war sie sofort hellwach: Der eine trug eine Polizeiuniform, der andere war in Zivil gekleidet. Wenn eine solche Personenkonstellation mitten in der Nacht klingelte, dann hatte das selten etwas Gutes zu bedeuten. Frau Schmitt ließ die beiden eintreten. Der Uniformierte sagte: „Frau Schmitt, ich habe eine schlechte Nachricht für Sie. Ihr Ehemann ist leider bei einem Verkehrsunfall ums Leben gekommen. Er ist tot. Die Rettungskräfte konnten nichts mehr für ihn tun."

Frau Schmitt stand fassungslos da und wusste nicht, was sie sagen sollte. Sie hatte wohl bemerkt, dass ihr Mann noch nicht nach Hause gekommen war, da er aber beruf-lich unterwegs war und es dann oft sehr spät wurde, hatte sie sich nichts dabei gedacht.

Sie blickte die beiden Herren an, ohne sie wirklich wahrzunehmen, dann fühlte sie, wie sie behutsam an den Oberarmen gepackt und in die Küche geführt wurde. Dort nahm sie auf einem Küchenstuhl Platz und sagte weiterhin nichts.

Der zweite Besucher, der Zivilkleidung trug, stellte sich als Notfallseelsorger vor, der für die nächsten ein oder zwei Stunden hier bleiben wolle, um für sie da zu sein. Der Polizist verabschiedete sich und verließ die Wohnung.

Der Seelsorger erzählte Frau Schmitt, wie es zu dem Unfall gekommen war und dass ihr Mann bereits tot gewesen sei, als der Notarzt zu ihm kam.

„Kann ich meinen Mann noch einmal sehen, bevor er beerdigt wird?", war die einzige Frage, die Frau Schmitt noch zu formulieren wusste.

1. In dieser Geschichte wird die Todesnachricht von einem Polizisten und einem Notfallseelsorger überbracht, der auch in den folgenden Stunden für Frau Schmitt da ist. Warum tritt wohl dieses Doppelgespann auf?

2. Lies dir noch einmal die Formulierung durch, die der Polizist verwendet, um Frau Schmitt über den Tod ihres Mannes zu informieren. Was hältst du davon?

3. Warum hat wohl Frau Schmitt das Bedürfnis, ihren Mann noch einmal zu sehen, obwohl dieser doch schon tot ist? Was soll der Notfallseelsorger deiner Meinung nach antworten?

Die Hinterbliebenen kommen nicht zur Ruhe

Wenn ein Familienangehöriger stirbt, dann sind die Angehörigen meist voller Trauer und zunächst wie gelähmt. Dabei bleibt gar keine Zeit, sich richtig mit dem Tod zu befassen, denn es warten zahlreiche Aufgaben, die es innerhalb kürzester Zeit zu erledigen gilt. Eine kleine Auswahl findet ihr hier:

▷ Arzt informieren, Totenschein ausstellen lassen

▷ Angehörige und Freunde des Verstorbenen informieren

▷ Wichtige Dokumente des Verstorbenen heraussuchen, z.B. das Testament, in dem auch Verfügungen über die Trauerfeier stehen können

▷ Gegebenenfalls Pfarrer informieren

▷ Gesprächstermin mit Bestattungsinstitut vereinbaren, ggf. Auswahl des Friedhofs, Rahmen der Bestattung klären: Auswahl des Sargs oder der Urne, des Blumen-schmucks, des Ablaufs der Trauerfeier, Zeitpunkt der Beerdigung ...

▷ Organisation des „Leichenschmauses"

▷ eigenen (Sonder)Urlaub beantragen

▷ Gegebenenfalls Haustiere des Verstorbenen versorgen, sich um seine Wohnung kümmern (Wasser und Strom abstellen ...)

▷ Sterbefall dem Einwohnermeldeamt mitteilen

▷ Sterbeanzeige in der Zeitung inserieren

▷ Geplante Termine des Verstorbenen absagen

Nach der Beerdigung fallen weitere Arbeiten an:

▷ Wohnung/Zimmer des Verstorbenen räumen: Bücher, Möbel, Fotos, Dokumente, DVDs ... alles will verstaut werden, bei allem muss geklärt werden, wer es erbt.

▷ Behörden und Einrichtungen, mit denen der Verstorbene zu tun hatte, informieren: Krankenkasse, Arbeitgeber, Banken, Versicherungen ...

▷ Nachlass regeln: Gab es ein Testament? Wer bekommt was? Wer muss sich um was kümmern? Hier muss zunächst der Bescheid des Familiengerichts abgewartet werden.

1. Welche Aufgaben überraschen dich in der Aufzählung?

2. Welchen Eindruck hast du, wenn du dir alle diese Punkte durchliest?

3. Manche Angehörigen kümmern sich sofort und ohne Hilfe um die genannten Aufgaben, auch wenn sie sehr viel Zeit in Anspruch nehmen. Hast du eine Erklärung, warum ihnen das sogar recht sein könnte?

Der Tod ist nicht umsonst

Wer glaubt, dass Sterben billig ist, der irrt. Natürlich kann man einen Toten schlecht dazu verpflichten, für die anfallenden Kosten seines Todes aufzukommen. Diese Kosten bleiben aber üblicherweise an den Erben hängen. Wenn es keine Erben gibt oder diese nicht zahlen können, dann muss die Allgemeinheit, also der Steuerzahler, für diese Kosten aufkommen. In der Regel sind das die Städte und Dörfer, in denen die Verstorbenen bis zu ihrem Tod gelebt haben. Für manche Gemeinden stellen zahlreiche Todesfälle, bei denen niemand für die Beerdigungskosten aufkommen kann, eine so große finanzielle Belastung dar, dass sie die Verstorbenen in Gegenden beerdigen lassen, in denen die Grab- und Unterhaltskosten niedriger sind als im eigenen Gemeindegebiet. Aber über welche Kosten reden wir überhaupt? Und was bedeutet es, wenn man behauptet, eine Beerdigung sei nicht billig? Sicherlich variiert das von Ort zu Ort und von Trauerfeier zu Trauerfeier. An groben Richtwerten kann man sich allerdings orientieren. Die folgende Aufzählung gibt Aufschluss über die Kosten und Gebühren:

Leichenschau	80 EUR
Sterbeurkunden	30 EUR
Kühlzelle zur Aufbewahrung des Leichnams	300 EUR
Beisetzungsgebühr	600 EUR
Trauerhallennutzung	200 EUR
Sargträger	150 EUR
Grabnutzungsgebühr	1 100 EUR
Sarg	1500 EUR
Arbeiten des Bestatters	750 EUR
Materialien (Kleidung, Kissen etc.)	250 EUR
Trauerkranz und Sargschmuck	300 EUR
Grabstein und -einfassung inkl. Arbeiten	3 000 EUR
Gottesdienstkosten	250 EUR
Traueranzeige	250 EUR
Bewirtung für Leichenschmaus	500 EUR

1. Berechne die Gesamtkosten einer Beerdigung. Was hältst du von der errechneten Summe?

2. Manche Menschen geben viel Geld für die Beerdigung eines Angehörigen aus, obwohl sie ihm vielleicht gar nicht nahegestanden haben und zu seinen Lebzeiten nur wenig Kontakt mit ihm hatten. Kannst du dir Gründe dafür vorstellen?

3. Was wäre dir bei einer Beerdigung, die du ausrichten müsstest, wichtig? Käme es dir dabei auf kostspielige Arrangements an?

Der Leichenschmaus – ein makabres Fest?

In vielen Regionen ist es üblich, nach der Beerdigung oder Trauerfeier in einer Gaststätte oder in privaten Räumlichkeiten zusammenzusitzen und zu reden. Oft gibt es dabei auch etwas zu essen und zu trinken. Dieses Treffen kann sich über mehrere Stunden hinziehen. Sieht man einmal von der Trauerkleidung der Gäste ab, kann man selten einen Unterschied zu einer Geburtstagsfeier oder einem sonstigen, freudigen Familienfest erkennen: Verwandte von nah und fern sind angereist und sitzen im Kreis der Gäste, es wird gelacht, erzählt, die Gläser und Teller werden nicht leer. Fast wirkt es wie Völlerei.

Aber der Anlass dieser Feier ist doch ein trauriger: Ein Mensch ist gestorben, man hat ihn gerade beerdigt oder sich auf einer Trauerfeier von ihm zum letzten Mal verabschiedet. Wie passt dies zusammen? Sollte man nicht traurig, vielleicht sogar weinend nach Hause gehen, nachdem man den Hinterbliebenen sein Beileid ausgesprochen hat? Wie kommt es zu diesem Widerspruch?

1. Fasse kurz zusammen, was man unter einem „Leichenschmaus" versteht.

2. Finde andere Bezeichnungen für den „Leichenschmaus".

3. Formuliere Regeln, die deiner Meinung nach bei einer solchen Veranstaltung gelten sollten, um das Andenken des Verstorbenen zu ehren.

Zur Erklärung:

Die Tradition des Leichenschmauses reicht bis in die Vorgeschichte zurück und man findet sie überall auf der Welt. Es ist nicht der Sinn dieser Feier, sich ausgelassen zu betrinken oder sich der Völlerei hinzugeben, vielmehr soll den Trauergästen signalisiert werden, dass das Leben auch nach dem Verlust eines Menschen weitergeht. Zudem bietet sich hierbei die Gelegenheit, Anekdoten und Erlebnisse, in denen der Verstorbene eine Rolle spielt, auszutauschen und somit die verlorene Person in Erinnerung zu behalten.

Weiterhin vermittelt man den Hinterbliebenen, dass sie nicht allein sind, sondern dass es noch andere Menschen gibt, die mit ihnen trauern und die für sie da sind.

4. Kennst du auch Rituale, um sich an Personen zu erinnern, die weggezogen oder gar verstorben sind? Gibt es dabei Parallelen zu einem „Leichenschmaus"?

5. Warum ist es für viele Trauergäste wohl wichtig, auch am „Leichenschmaus" teilzunehmen? Überlege dir Gründe.

© Erwin Wodicka

Ein frisches Grab

1. Beschreibe das Bild, insbesondere das Grabmal.

2. Was könnte auf den Kranz-Schleifen stehen?

3. Warum sehen die umliegenden Gräber anders aus?

Verschiedene Bestattungsformen

© epd/Christopher Clem Franken

Fotolia © asafeliason

Fotolia © Taigi

 1. Betrachte die Bilder und vergleiche sie miteinander.

2. Was könnten diese Bilder mit dem Thema „Tod" zu tun haben?

Bestattungsrituale

Warum werden Menschen nach ihrem Tod bestattet? Die Antwort liegt auf der Hand: Aus hygienischen Gründen ist es nicht möglich, dass man mit den Überresten Verstorbener zusammenlebt. Nicht nur, dass es sehr unangenehm riecht, auch Insekten und Nagetiere werden von den Leichnamen angezogen. Das Bestattungswesen ist eine teure Angelegenheit: Nicht nur, dass die Hinterbliebenen für die Beerdigung und die Grabpflege relativ viel Geld aufbringen müssen, auch die Städte und Gemeinden, die in der Regel für das Bestattungswesen zuständig sind, müssen jedes Jahr nicht wenige Finanzmittel aufwenden, um Friedhöfe zu unterhalten oder zu erweitern. Aber das ist für den Einzelnen heutzutage kaum mehr der Grundgedanke, wenn man über Beerdigungen nachdenkt. Vielmehr überlegt man sich, welche Arten von Bestattungen angemessen erscheinen oder gar möglich sind.

Die Bestattungsarten haben sich im Laufe der Zeit stark geändert: Im Mittelalter war es beispielsweise bei Fürsten oder Bischöfen nicht unüblich, dass einzelne Organe an anderen Orten beerdigt wurden als der restliche Körper. Denn sie regierten über verschiedene Gebiete und in jedem sollte ein Teil von ihnen bestattet sein. Bei den alten Ägyptern wurden die inneren Organe (mitsamt dem Gehirn) entfernt und in Tonkrügen mitbestattet, um das Verwesen des Leichnams aufzuhalten.

Die Art, wie man Verstorbene bestattet, hängt auch stark mit der Jenseitsvorstellung der jeweiligen Kultur ab. Die alten Ägypter glaubten, dass der Verstorbene im Jenseits mit dem bestatteten Körper weiterlebt, deshalb sollte er möglichst unbeschadet sein und darum mussten auch die Organe entfernt werden.

Aber wie sieht es mit den Bestattungen heute aus?

1. Warum unterhalten Städte und Gemeinden große Friedhofsanlagen, obwohl man die Körper von Verstorbenen auch platzsparender „aufbewahren" könnte?

2. Überlege, ob du schon verschiedene Bestattungsarten kennengelernt hast. Berichte der Klasse davon.

3. Recherchiere, welche Bestattungsarten es in unserer Gegend gibt. Genauere Informationen kannst du auf Homepages von Bestattungsunternehmen erhalten, auf Gemeindewebsites, sofern die Gemeinden die Friedhofsverwaltung innehaben, manchmal existieren gar eigene Websites von Friedhöfen. Überlege auch, welche Vor- oder Nachteile die jeweilige Bestattungsart haben kann.

4. Über den Tellerrand hinaus: Findest du Bestattungsrituale, die aktuell auf der Welt noch durchgeführt werden und die du seltsam findest? Begründe deine Auswahl.

Wer oder was hilft mir bei meiner Trauer?

Mit dem Tod eines Menschen entsteht für die Hinterbliebenen oft eine Lücke. Eine Person, die einen festen Platz im Leben hatte, ist nun verschwunden. Manchmal geschieht dieses Verschwinden ganz plötzlich, manchmal dauert es Tage, Wochen, Monate oder gar Jahre, in denen man Gelegenheit hat, sich vom Sterbenden innerlich zu verabschieden und sich auf den drohenden Verlust vorzubereiten.

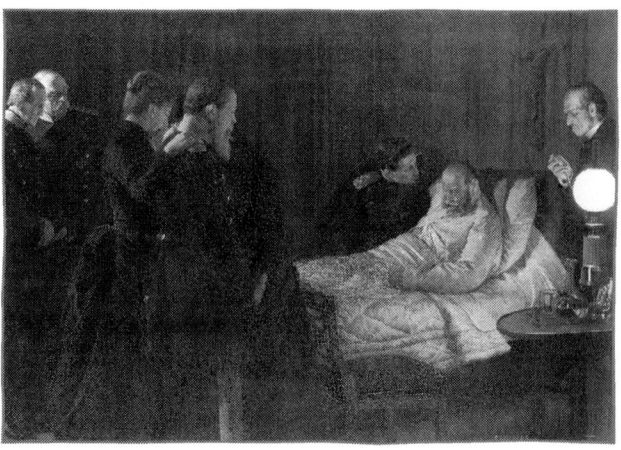

© akg-images

Unabhängig davon, ob und wie man sich auf den Tod eines Menschen vorbereitet hat, so trifft einen die Erkenntnis, dass ein geliebter oder befreundeter Mensch nun für immer fehlen wird, hart. Vielen Menschen wird dies in dem Augenblick bewusst, in dem der Leichnam in das Grab gelassen wird und der Sarg oder die Urne mit Erde bedeckt wird. Dies hat etwas Endgültiges: Der hier Begrabene kommt nicht wieder.

Wie gehen die Hinterbliebenen mit dem Verlust um? Hier gibt es vielfältige Möglichkeiten. Oft sind es Rituale, die ausgeführt werden, um an den Verstorbenen zu denken. Beispielsweise kann man regelmäßig eine Kerze anzünden. Andere stellen ein Bild des Verstorbenen, oft mit einem schwarzen Band verziert, an einer exponierten Stelle in der Wohnung auf. An diesem Bild kann man regelmäßig ein stilles Gespräch mit dem Verstorbenen führen. Diese Rituale helfen uns, den Alltag zu meistern und sich an Vertrautem zu orientieren.

Ebenso wichtig sind soziale Kontakte und erlebtes Mitgefühl. Die Gemeinschaft kann helfen, Trauer zu bewältigen.

1. Überlege dir, welche Riten du kennst, um Trauer zu bewältigen.

2. Den katholischen Christen wird vor ihrem Tod die Krankensalbung zuteil. Informiere dich im Internet über das Vorgehen bei der Salbung und die Bedeutung.

3. Im Jüdischen gibt es die Tradition des Schiv'a. Erkundige dich, wie dieser Trauerritus aussieht.

4. Das erste Jahr nach dem Tod eines Menschen nennt man das „Trauerjahr". Danach erwartet man von den Hinterbliebenen, dass sie wieder ein relativ normales Leben führen und die Trauer bewältigt haben. Warum begrenzt man wohl sinnvollerweise die Trauerzeit?

Euthanasie

Hinweise für Lehrkräfte

Der Tod kommt nicht immer spontan und unerwartet, manche Menschen wollen aus verschiedenen Gründen sterben. Oder Angehörige müssen über den Tod einer kranken Person entscheiden. Davon handelt das dritte Kapitel.

Achtung: Im dritten Reich initiierten die Nationalsozialisten das Euthanasie-Programm, um sich kranker und nicht gewollter Personen zu entledigen. Es wird ausdrücklich klargestellt, dass die hier angebotenen Arbeitsblätter sich eindeutig von dieser Ideologie distanzieren.

Ein schöner Weg in den Himmel

KV 23, S. 44

> Darstellungen von Tod und Sterben verbindet man mit dunklen, tristen Farben. Dass es auch andere Farbvarianten gibt, werden die Schüler anhand der vorliegenden Abbildung feststellen.

Frage 1 | **Bildbeschreibung und Eindruck**

Das Bild zeigt einen Himmel mit weißen Schäfchenwolken, oben links scheint die Sonne. Im Zentrum führt ein Weg in den Himmel, auf diesem ist eine ältere Dame zu sehen, die sich mit einer Gehhilfe vorwärts bewegt, sozusagen auf den Himmel zu.

Mögliche Eindrücke: Die Frau läuft in den Himmel/Wie passt das zueinander?/Stellt das den Weg der Frau zum Tod dar?/Versinnbildlicht das das Sterben?/…

Euthanasie – der gute Tod

KV 24, S. 45

> Dieses Arbeitsblatt soll in die Thematik „Euthanasie" einführen.

Frage 1 | **Situationen, die für Sterbehilfe angemessen erscheinen**

Bei Krankheiten, Schmerzen, mangelndem Lebenswillen; als Provokation: wenn zu anstrengend für pflegende Angehörige/wenn zu teuer für die Gesellschaft

Frage 2 | **Bewertung der Sterbehilfe**

Es ist zu erwarten, dass hier sehr unterschiedliche Sichtweisen vorgetragen werden. Dies zeigt auch die Zerrissenheit, die es schon innerhalb der europäischen Länder zu diesem Thema gibt.

Frage 3 | **Gefahren für die Gesellschaft**

Es könnte passieren, dass Menschen zur Euthanasie getrieben werden, beispielsweise durch psychischen Druck, die Gesellschaft könnte weniger sozial eingestellt sein.

Frage 4 | **Plakatentwurf**

Hier sind verschiedene Lösungen möglich, je nach positiver oder negativer Einstellung zur Sterbehilfe.

Euthanasie – wo ist sie erlaubt?

KV 25,
S. 46

> Hier sollen repräsentativ einzelne Länderregelungen zur Euthanasie veranschaulicht werden. Da es in Europa viele unterschiedliche Regelungen gibt, wurden hier einzelne Länder ausgewählt, die auch markante Unterschiede zeigen.

Frage 1   **Länder mit liberalster und strengster Einstellung zur Sterbehilfe**

Liberal: Belgien, Luxemburg

Streng: Polen

Frage 2   **Zustimmung zu bestimmten Angeboten**

Hier ist eine individuelle und begründete Auswahl möglich.

Frage 3   **Mögliche Gründe für verschiedene Regelungen**

Dies ist eine rein spekulative Frage. Mögliche Gründe wären:

Verschiedene Ausprägungen in religiöser Hinsicht (z. B. ist Polen überwiegend streng katholisch geprägt), verschiedene Formen des Familienzusammenhalts, verschiedene Aspekte rechtlich geregelt oder nicht (z. B. in Deutschland kein detailliertes Gesetz zur Euthanasie vorhanden).

Wir helfen beim Sterben

KV 26,
S. 47

> Da in Deutschland die Erlaubnis zur Euthanasie nicht bis ins letzte Detail geregelt ist, suchen einige Menschen Hilfe jenseits der Landesgrenzen. Hier ein Beispiel aus der Schweiz.

Frage 1   **Bewertung von „Ex international"**

Hier ist eine individuelle, begründete Antwort möglich.

Frage 2   **Prozedere von erstem Kontakt bis zum Tod**

Kontaktaufnahme, z. B. per Telefon oder E-Mail – persönliches Gespräch beim Patienten über die Krankheitsgeschichte – Einholen einer ärztlichen Zustimmung in der Schweiz – Anreise des Patienten in die Schweiz – Untersuchung des Patienten – Verschreibung eines Medikaments – Selbsttötung des Patienten

Frage 3   **Motive der organisierenden Frauen**

Durch ihre Lebensgeschichte und die häufige Begegnung mit dem Tod haben die beiden ihre Einstellung zur Sterbehilfe gefunden und wollen anderen Menschen gleicher Überzeugung helfen.

Frage 4   **Schülerzeitungsbericht über „Ex international"**

Hier sind individuelle Schülerarbeiten gefragt.

Die Niederlande legalisieren Sterbehilfe für Säuglinge

KV 27,
S. 48

> Nicht nur Erwachsene leiden an unheilbaren Krankheiten und sehen dann einem mitunter qualvollen Sterben ins Auge, auch Kinder und Säuglinge können davon betroffen sein. Deshalb soll eine Regelung aus den Niederlanden zu diesem Thema vorgestellt werden.

Frage 1 · **Vorgehen der Ärzte**

Es dürfen bei sterbenden Säuglingen Muskelrelaxanzien verabreicht werden, um das Sterben zu beschleunigen. Der Vorgang muss gemeldet werden.

Frage 2 · **Verbesserung für Ärzte?**

Es gibt nun eine gesetzliche Regelung für eine Praxis, die vorher schon an gültigen Gesetzen vorbei gehandhabt wurde → Rechtssicherheit für Ärzte.

Frage 3 · **Eigenes Urteil**

Hier ist eine individuelle, begründete Antwort erforderlich.

Frage 4 · **Leserbrief an Ärzteblatt**

Hier ist ein Leserbrief mit Berücksichtigung der entsprechenden Formalia zu erwarten. Leserbriefe sollten eine gewisse Länge (ca. 1/2 Seite) nicht überschreiten.

Wie würdest du entscheiden?

KV 28,
S. 49

> In vielen Fällen von Sterbehilfe liegt die Entscheidung über den „guten Tod" nicht (nur) beim leidenden Patienten selbst, meist sind Angehörige in diesen Entscheidungsprozess mit eingebunden oder müssen anstelle des Patienten entscheiden. Diese Schwierigkeit soll anhand des vorliegenden Textes auch den Schülern vermittelt werden.

Frage 1 · **Eigener Standpunkt**

Durch die Beschreibung des drastischen Krankheitsverlaufs soll den Schülern die Möglichkeit gegeben werden, sich auch für die Euthanasie-Variante entscheiden zu können, ohne von den Mitschülern zu hart angegangen zu werden. Eine Begründung für die jeweilige Entscheidung darf bei jeder Antwort erwartet werden.

Frage 2 · **Folgen für Omas Umfeld bei Sterbehilfe**

Für Oma Claudia: Es wäre ihr wohl viel Leid erspart geblieben. Sie hätte ihren Wunsch erfüllt bekommen.

Für nächste Angehörige: Das Leid hätte man nicht mit ansehen müssen, aber es wäre die ewige Frage geblieben, ob es in Ordnung war, beim Sterben zu helfen.

Für den Arzt: Er hätte, statt Leben zu retten oder zu verlängern, ein Leben beenden müssen. Dies kann eine anstrengende Bürde sein, auch wenn die Tat dem Patientenwillen entspricht.

Ein schöner Weg in den Himmel

Beschreibe das Bild und gib wieder, welchen Eindruck es auf dich macht.

Euthanasie – der gute Tod

Es klingt sehr widersprüchlich, aber „Euthanasie" stammt aus dem Griechischen und bedeutet im eigentlichen Wortsinn „guter Tod". Gemeint ist damit, dass man Menschen, die den Willen haben zu sterben, beim Sterben unterstützt oder auch aktiv zu ihrem Tod beiträgt. In den 1930er und 1940er Jahren war der Begriff „Euthanasie" sehr negativ ideologisch vereinnahmt: Das Regime der Nationalsozialisten verstand darunter, dass man die deutsche Rasse von schädlichem Einfluss reinhalten müsse, und sie ließen deshalb viele kranke und behinderte Menschen – auch Kinder – töten, da sie nicht dem Ideal des perfekten Deutschen entsprachen und der Gesellschaft angeblich zu Last fielen. Deshalb ist der Begriff „Euthanasie" heute in Deutschland eher ungebräuchlich, man spricht stattdessen von „Sterbehilfe".

Interessensgruppen der Sterbehilfe sind meist todkranke Menschen, für deren Krankheit keine Heilungschance besteht oder die keine Therapiemethode ergreifen wollen. Sterbehilfe kann man auf vielerlei Arten leisten:

▷ Man kann Patienten aktiv durch die Verabreichung eines entsprechenden Medikaments töten,

▷ man kann durch Abstellen lebenserhaltender Apparate, die z.B. für die Atmung sorgen, den Tod herbeiführen,

▷ man kann Schmerzen lindern und durch die Gabe starker Schmerzmittel in Kauf nehmen, dass ein verfrühter Tod eintritt oder

▷ man kann Menschen, die sich selbst töten wollen, bei ihrem Vorhaben unterstützen, indem man ihnen beispielsweise das benötigte Medikament besorgt oder als Arzt schon die Spritze setzt, die der Patient dann selbstständig leeren muss.

Schon innerhalb Europas gibt es zu den einzelnen Maßnahmen verschiedene rechtliche Regelungen. So kann es passieren, dass beim Überschreiten einer Landesgrenze manche Handlungen erlaubt sind, die im eigenen Land streng bestraft werden. Dies ist auch für Ärzte und Pfleger nicht einfach, vor allem dann, wenn einzelne Länder keine festen Regeln haben.

Aber eines ist für die meisten Länder gleich: Es wird immer wieder heftig darüber diskutiert, ob die Sterbehilfe erlaubt sein sollte oder nicht.

1. Überlege dir, in welchen Situationen man Sterbehilfe möglicherweise anwenden könnte.

2. Überlege dir, welche der genannten Methoden der Sterbehilfe du befürworten könntest, welche nicht.

3. Kannst du Gefahren erkennen, die bei der Legalisierung der Sterbehilfe in einer Gesellschaft auftreten können?

4. Entwirf ein Plakat, das deinen Standpunkt zur Sterbehilfe gut darstellt.

Euthanasie – wo ist sie erlaubt?

Nicht überall ist Sterbehilfe erlaubt. Schon innerhalb Europas kann man verschiedene rechtliche Grundlagen finden. Man muss unterscheiden:

▷ Aktive Sterbehilfe: Der Patient wird auf sein ausdrückliches Verlangen hin getötet.

▷ Beihilfe zum Suizid: Der Suizidwillige tötet sich selbst.

▷ Indirekte Sterbehilfe: Der früher eintretende Tod wird bei der Schmerzbehandlung in Kauf genommen. Vorrang hat die Vermeidung von Schmerzen.

▷ Passive Sterbehilfe: Man lässt einen Patienten sterben, z.B. indem man lebens-erhaltende Maschinen abstellt.

Folgende Tabelle gibt Aufschluss darüber, wo welche Art der Sterbehilfe erlaubt ist. Es wurden einige Länder ausgewählt.*

Land	Aktiv	Beihilfe	Indirekt	Passiv
Belgien	✓	✓	✓	✓
Dänemark	✗	✗	✓	✓
Deutschland	✗	✓	✓	✓
Frankreich	✗	✗	✓	✓
Italien	✗	✗	○	✓
Luxemburg	✓	✓	✓	✓
Niederlande	✓	✓ (nur ärztlich assistierter Suizid)	✓	✓
Österreich	✗	✓	✓	✓
Polen	✗	✗	✗	✗
Schweiz	✗	✓	✓	✓

Symbolerklärung:

✓ → nicht strafbar   ✗ → strafbar   ○ → keine Erkenntnisse

1. Welche Länder haben die liberalste Einstellung, welche die strengste?

2. Für welche der angebotenen Regelungen würdest du stimmen?

3. Überlege dir Gründe, warum die Regelungen in den verschiedenen Ländern so enorm voneinander abweichen.

* Deutsche Stiftung Patientenschutz, Strafbarkeit der Sterbehilfe in Europa – Übersicht (Stand: 21.04.2021)

Wir helfen beim Sterben

In einigen Ländern Europas, unter anderem auch in Deutschland, ist es verboten, Menschen beim Suizid zu helfen, auch wenn sie schwer krank sind und ihren Schmerzen gleichsam mit ihrem Leben ein Ende setzen wollen. In der Schweiz sieht diese Regelung anders aus. Unter gewissen Voraussetzungen darf man dort in den Freitod gehen und erhält dabei auch Unterstützung.

Der „Schweizer Tagesanzeiger" berichtet auf seiner Website am 26.07.2012 von einem Verein mit dem Namen „Ex International", der Menschen in den Tod begleitet. Speziell Nicht-Schweizern soll der Freitod ermöglicht werden, wenn diese in ihrem eigenen Land gesetzlich daran gehindert werden. Jährlich melden sich weit über 1000 Menschen mit Anfragen, 25 Menschen aus dem Ausland wird der Suizid ermöglicht. Die Mitarbeiter arbeiten ehrenamtlich und haben keine finanziellen Interessen.

Die aktuelle Teamleiterin Géraldine Schmidt und ihre Vorgängerin Margrit Weibel haben intensive Erfahrungen mit dem Tod gemacht. So verlor Schmidt ihren Ehemann infolge einer Krebserkrankung, Weibel verlor mehrere Familienangehörige durch Krebs, ihren Mann durch Parkinson und eine Tochter durch Herzinfarkt. Beiden ist der Tod also nicht fremd.

Sollte sich ein Patient für den Freitod entscheiden, so wird er persönlich besucht und seine Krankengeschichte an einen der Beratungsärzte übermittelt. Denn nur mit ärztlicher Zustimmung ist in der Schweiz der begleitete Suizid erlaubt. Gibt der Arzt seine Zustimmung, so reist der Patient in die Schweiz und lässt sein Urteilsvermögen von einem Arzt überprüfen. Ist dieses ungetrübt, wird ein Rezept für die tödliche Mixtur verschrieben, die der Patient trinken oder per Magensonde zu sich nehmen muss. Der Freitod wird in einer Wohnung in der Nähe von Bern vollzogen.

Um die Unkosten für Reise, Hotel, Untersuchung, Medikamente, Einäscherung usw. zu decken, muss der Patient für die Freitodbegleitung 7000 Franken (ca. 6500 Euro) zahlen.

1. Gib ein Urteil ab, was du vom Verein „Ex International" hältst.

2. Beschreibe das Prozedere vom ersten Kontakt mit „Ex International" bis zum Suizid eines Patienten. Warum ist das Prozedere wohl so aufwändig?

3. Überlege, warum die beiden erwähnten Frauen ihr Ehrenamt ausführen.

4. Schreibe einen kurzen Bericht für die Schülerzeitung über „Ex international". Du darfst in diesem Bericht auch gern deine begründete Meinung mitteilen.

Die Niederlande legalisieren Sterbehilfe für Säuglinge

Auf der Website www.aerzteblatt.de, einer Seite, die sich an Mediziner richtet und von der Bundesärztekammer und der Kassenärztlichen Bundesvereinigung herausgegeben wird, steht folgender Bericht vom 13.06.2013:

Utrecht – Niederländische Ärzte dürfen den Sterbeprozess todkranker Babys beschleunigen, um ihnen unnötige Qualen zu ersparen. Das hat die Ärzteorganisation KNMG in einem gestern veröffentlichten Bericht festgelegt. Demnach ist es Medizinern erlaubt, die Behandlung Neugeborener mit geringer Lebenserwartung einzustellen und den Tod durch die Gabe von Muskelrelaxanzien[*] aktiv herbeizuführen.

In den Niederlanden wird diese Vorgehensweise bereits seit Jahren praktiziert und hat in der Vergangenheit bei Kinderärzten und Juristen zu kontroversen Diskussionen geführt. Der nun vorgelegte Bericht legalisiert die Praxis und schreibt erstmals Regelungen zur Sterbehilfe bei todkranken Babys fest.

Um maximale Transparenz sicherzustellen, müssen entsprechende Fälle deshalb zukünftig einer eigens dafür eingerichteten Kommission gemeldet werden. Darüber hinaus soll der Leitfaden aber auch betroffenen Eltern helfen, die Entscheidung des Arztes nachzuvollziehen.

Von den jährlich rund 175 000 niederländischen Neugeborenen sterben etwa 650, von denen die Hälfte Frühgeburten ohne reelle Lebenserwartungen sind. Die andere Hälfte sind Kinder mit schweren Anomalien, beispielsweise der Lungen, des Herzens oder des Gehirns.

© hil/aerzteblatt.de

1. Wie dürfen niederländische Ärzte mit todkranken Neugeborenen umgehen?

2. Inwiefern stellt dies für die Ärzte einen Fortschritt bzw. eine Verbesserung dar?

3. Würdest du dieses Vorgehen unterstützen?

4. Schreibe einen Leserbrief an die Redaktion des Ärzteblattes, in dem du deine Meinung zu diesem Thema kundtust.

* Unter einem Muskelrelaxans versteht man ein Medikament, das die Muskeln entspannen lässt.

Wie würdest du entscheiden?

Oma Claudia sah gar nicht gut aus. Das Gesicht eingefallen, der ganze Körper völlig abgemagert. Wo war nur ihre weibliche Figur, die sie vor der Krankheit hatte, hingekommen? In den letzten Wochen vor ihrem Tod hatte sie sicherlich 20 Kilogramm abgenommen.

Und ihre Umgebung erst: Früher hatte sie ein normal eingerichtetes Schlafzimmer mit Teppich, Kleiderschrank, Nachttisch und einem großen Bett, jetzt war davon nur noch der Kleiderschrank übrig. Alle anderen Gegenstände waren schon vor Monaten abgebaut und weggeräumt worden, stattdessen stand am Ende ein Krankenbett mitten im Zimmer.

Das alles hatte gar nichts mehr mit dem zu tun, wie man Oma Claudia früher kannte. Früher: Noch vor einem halben Jahr hätte niemand damit gerechnet, dass es so kommen würde: Die Ärzte diagnostizierten Krebs in fortgeschrittenem Stadium. Eine Heilung sei nicht mehr möglich, man könne aber die Lebenszeit verlängern. Dies bedeute viele Arztbesuche, ständige Einnahme von Medikamenten und starke Nebenwirkungen. Oma entschied sich für die Therapie. Nach zwei Wochen traten die Nebenwirkungen ein: Übelkeit und Erbrechen, Schwindelgefühl, Appetitlosigkeit, Müdigkeit, Konzentrationsschwierigkeiten, enormer Gewichtsverlust. Schon bald konnte Oma nicht mehr aufstehen, nicht mehr allein auf die Toilette gehen, auch das Essen und Trinken war nur noch mit Hilfe möglich.

Bald sprach sie immer wieder davon, dass sie nun genug habe vom Leben. Sie habe ständig Schmerzen, sie sehe nichts anderes mehr als den Raum, der einmal ihr Schlafzimmer war. Sie wolle endlich sterben. Der Arzt, der sie regelmäßig untersuchte, sagte nur: „Sie haben ein starkes Herz. Damit halten Sie noch eine Weile durch." Vielleicht wollte er ihr damit Mut machen? Oma hingegen wollte nur sterben. Sie hat sogar darum gebeten, dass man ihr beim Sterben hilft. Aber keiner hat geholfen. Jedes Mal, wenn man an ihrem Bett stand, sah sie einen mit flehenden Augen an.

Nun ist sie gestorben. Die Krankheit war grausam. Am Ende schrie Oma oft vor Schmerzen, die Schmerzmittel halfen kaum noch.

Hätte man ihr doch beim Sterben helfen sollen?

1. Wie stehst du zu dieser Frage? Hätte man Oma Claudia beim Sterben helfen sollen?

2. Überlege, welche Folgen eine aktive Sterbehilfe für Oma Claudias Umfeld gehabt hätte. Berücksichtige dabei möglichst viele Beteiligte.

Suizid

Hinweise für Lehrkräfte

Zum Abschluss des Themas wird auch der selbst herbeigeführte Tod, der Suizid, besprochen. Auch Jugendliche sind von dieser Problematik betroffen, da gerade im Jugendalter oft das Gefühl auftritt, nicht verstanden zu werden. Den Schülern soll gezeigt werden, dass sie mit diesem Gefühl nicht allein dastehen und dass es Hilfe gibt, diese Situationen zu bewältigen.

Wer kann mir noch helfen?

KV 29,
S. 53

Das Bild eignet sich gut als Folie zum Einstieg in das Thema.

Frage 1 **Bildbeschreibung**

Das Bild zeigt einen Jugendlichen, der auf einem Bahngleis hockt. Seine Körperhaltung drückt Verzweiflung aus, sein Gesicht ist nicht zu erkennen.

Frage 2 **Mögliche Situation**

Der Jugendliche will möglicherweise allein sein, trauert über etwas oder ist mit etwas unzufrieden. Vielleicht hat er sich diesen Platz ausgesucht, weil er dort seine Ruhe hat, vielleicht aber auch, um seinem Leben ein Ende zu machen.

Weitere, tiefer gehende Spekulationen von Schülerseite sind möglich. Diese können u. U. Näheres über die aktuelle Situation einzelner Schüler verraten.

Frage 3 **Kurze Geschichte zur Situation**

Die Schüler sollen eine mögliche Geschichte, die in diese Situation mündet, verfassen. Die Geschichte darf auch über diese Situation hinausgehen. Spannend wird es, wie viele Schüler sich für einen guten Ausgang, wie viele für einen negativen entscheiden. Es sollte darauf geachtet werden, dass aus den Geschichten keine reißerischen Storys werden.

Eine komplizierte Situation

KV 30,
S. 54

Diese Geschichte könnte in abgeänderter Form zum vorher besprochenen Bild passen.

Frage 1 **Susis Probleme**

Streit mit den Eltern/Schulprobleme/Beziehungs- und Liebesprobleme → möglicherweise alltägliche Probleme, die im Jugendalter auftreten können.

Frage 2 **Lösung für Susis Probleme**

Durch ihren Tod wären die Probleme auf einen Schlag beseitigt. Sie glaubt ohnehin, dass man sie nicht vermissen würde.
Eine individuelle Wertung wird erwartet.

Frage 3 **Mögliche Trauerliste**

Eltern, Verwandte, Freunde, Klassenkameraden, Lehrer ...

Frage 4 **Dialog mit Banknachbarn**

Hier soll ein Dialog zwischen zwei Schülern erarbeitet werden, der Susis Probleme aufgreift und ihr mögliche Lösungen aufzeigt. Diese können sehr unterschiedlich ausfallen, auf jeden Fall sollen sie zum Ziel haben, weiterleben zu wollen und die Probleme aktiv anzugehen.

Die Nummer gegen Kummer

KV 31,
S. 55

> Manchmal helfen nur noch professionelle Ratschläge aus Krisen und schwierigen Situationen heraus. Hier ist die Nummer gegen Kummer eine Option, sich Hilfe zu holen. Deshalb soll sie an dieser Stelle vorgestellt werden.

Frage 1 **Logo-Beschreibung**

Ein gelbes Rechteck mit einem weißen Telefonsymbol, überlagert im rechten Bereich von einem rötlichen Quadrat mit dem Text: „Kinder- und Jugendtelefon/0 800 111 0 333/Nummer gegen Kummer". Im unteren linken Bereich ist die Information „freecall – Deutsche Telekom – Partner der Nummer gegen Kummer" zu finden.

Frage 2 **Zweck der Werbung? Wen erwartet man am Telefon?**

Das Logo wirbt für das Kinder- und Jugendtelefon. Der Ausdruck „Nummer gegen Kummer" gibt die Situation an, in der man die Nummer wählen kann: in schwierigen Situationen, die Kummer bereiten.

Frage 3 **Kosten für einen Anruf?**

Der Begriff „freecall" gibt den Hinweis, dass der Anruf kostenlos ist.

Frage 4 **Interessen eines Anbieters?**

Da es sich um einen Service handelt, der nichts kostet und der speziell an Kinder und Jugendliche gerichtet ist, ist zu vermuten, dass spezielle Jugendschutzeinrichtungen, Kirchen, Sozialämter, Jugendämter u. Ä. ein Interesse an der Existenz dieser Nummer haben.

Die Arbeit der Nummer gegen Kummer

KV 32,
S. 56

> Die Schüler sollen sich nicht nur mit dem Logo auseinandersetzen, sondern sich auch auf der Website der Nummer gegen Kummer umsehen.

Lösungen:

1. Zielgruppen: Kinder, Jugendliche, Eltern

2. Kontaktmöglichkeiten: Telefon, E-Mail

3. Gründe für Kontaktaufnahme: typische Probleme Jugendlicher, wie z.B. Probleme mit Eltern, Schule, im Bereich Liebe und Sexualität; Ausgrenzung, Wutgefühle; Essstörungen, Missbrauch, Sucht → Typische Probleme, die vermehrt im Jugendalter auftreten können (nicht müssen!) und die Kinder und Jugendliche oft hilflos machen.
Für Eltern: Bei Problemen mit ihren Kindern, bei denen sie keinen Ausweg mehr wissen.

4. Wer kümmert sich um Nachricht? Erwachsene aus unterschiedlichsten Berufen, die eine entsprechende Ausbildung zur Telefonseelsorge erhalten haben, am Wochenende sind auch Jugendliche als Gesprächspartner zu erreichen.

5. Abzugebende Informationen an Berater: keine persönlichen Infos, Anonymität ist gewahrt.

6. Warum Angebot für Eltern? Auch Eltern haben oft Beratungsbedarf, wenn sie sich mit Situationen überfordert sehen oder Vorgänge aus der eigenen Kindheit und Jugend nicht kennen.

7. Kosten? Keine.

8. Wertung der Website: Hier sollen die Schüler eine positive und eine negative Rückmeldung zum Internetauftritt geben.

4

Wer kann mir noch helfen?

KV 29

Fotolia © Stauke

1. Beschreibe das Bild.

2. Um welche Situation könnte es sich handeln?

3. Schreibe eine kurze Geschichte, in der erklärt wird, wie es zu dieser Situation kam und wie die Geschichte weitergeht.

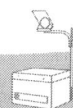

Eine komplizierte Situation

Susi lief immer weiter. Immer geradeaus, wohin dieser Weg sie auch führte. Sie dachte dabei an viele Dinge: an ihre Eltern, die immer häufiger stritten in dem Glauben, sie höre es nicht. An die Schule, die ihr im Moment so gar keinen Spaß machte. Im Gegenteil: In Englisch, Geschichte und Sport stand sie notenmäßig nicht besonders gut da. Dann waren da noch die Freundinnen: Wie sie nur noch über Jungs redeten, wie toll der Typ aus der Parallelklasse aussehe, welch tollen Körperbau der Schüler aus der Oberstufe habe ... Sicher, interessant war das schon, aber Susi hatte wenig Hoffnung, dass sich ein solcher Typ jemals für sie interessieren würde, da sie nicht gerade den gängigen Anforderungen an ein Model entsprach.

Susi hatte so einfach keine Lust mehr.
Sie lief immer weiter.
Und weiter.
Sie stiefelte von Schwelle zu Schwelle weiter, denn sie befand sich nicht auf einem normalen Weg, sondern auf dem Gleis einer Regionalbahn. Auf diesem lief sie öfter entlang, denn der Zug fuhr nur zweimal pro Stunde.
Sie lief weiter.
In der Ferne ein Pfeifen.
Wieder ein Pfeifen. Dieses Mal näher.
„Eigentlich sollte ich das Gleis jetzt verlassen", dachte Susi. „Der Zug wird bald hier sein."
Ein erneutes Pfeifen. Gar nicht mehr so weit weg.
„Vielleicht sollte ich auch einfach weitergehen. Was wäre schon so schlimm daran, wenn der Zug einfach über mich drüberfährt. Wer würde mir schon eine Träne nachweinen?"
Die Gleise fingen an zu vibrieren. Der Zug war ganz nah.
Susi hüpfte mit einem beherzten Sprung vom Gleis, kurz danach donnerte der Zug an ihr vorbei.
„Vielleicht beim nächsten Mal", dachte sich Susi.

1. Mit welchen Problemen hat Susi zu kämpfen? Sind dies außergewöhnliche Probleme?

2. Welche Lösung sieht Susi in ihrem Handeln? Würdest du eine solche Lösung gutheißen?

3. Liegt Susi richtig mit ihrer Vermutung, dass niemand um sie trauern würde? Überlege dir eine mögliche Liste von Trauernden.

4. Wie könnte man Susi helfen, von diesen Gedanken Abstand zu nehmen? Erfinde mit deinem Banknachbarn einen Dialog mit Susi und stellt ihn der Klasse vor.

Die Nummer gegen Kummer*

Kinder- und Jugendtelefon

116111

Nummer**gegen**Kummer

freecall

unterstützt durch die Deutsche Telekom

1. Beschreibe das Logo des Kinder- und Jugendtelefons.

2. Wofür wirbt dieses Logo? Wen würdest du am Telefon erwarten, wenn du diese Nummer wählst?

3. Was kostet ein Anruf dort?

4. Wer hat möglicherweise ein Interesse daran, einen solchen Service anzubieten?

* Das Kinder- und Jugendtelefon ist ein bundesweites Angebot von Nummer gegen Kummer e.V. – Mitglied im Deutschen Kinderschutzbund. www.nummergegenkummer.de

Die Arbeit der Nummer gegen Kummer

Wie du vielleicht schon festgestellt hast, musst du bei Fragen und Problemen nicht allein bleiben, es gibt immer Menschen, die dir gern zuhören und auch versuchen, sich deiner Probleme anzunehmen. Eine Möglichkeit ist die „Nummer gegen Kummer".
Um zu erfahren, was sich dahinter verbirgt, sollen dir die unten stehenden Fragen helfen. Die Antworten darauf findest du auf der Website www.nummergegenkummer.de.

1. An welche Zielgruppen richtet sich der Service der Einrichtung?

_____

_____

2. Wie kannst du mit der „Nummer gegen Kummer" (NgK) in Kontakt treten?

_____

_____

3. Aus welchen Gründen kann man sich bei der NgK melden?

_____

_____

4. Wer kümmert sich um deinen Anruf oder deine Nachricht?

_____

_____

5. Welche Informationen erhalten die Beraterinnen und Berater über dich?

_____

_____

6. Auch Eltern erhalten ein Beratungsangebot. Wie passt das mit dem Kinder- und Jugendtelefon zusammen?

_____

_____

7. Was kostet ein Anruf bei der NgK?

_____

_____

8. Beschreibe, was dir auf der Website am besten, was am wenigsten gefallen hat.

_____

_____